CATALOGUE

DES GENTILSHOMMES D'ANJOU

Extrait de la Revue historique de l'Ouest

CATALOGUE

DES

GENTILSHOMMES D'ANJOU

LORS DE LA RECHERCHE DE LA NOBLESSE DE 1666

PAR

M. VOISIN DE LA NOIRAYS

INTENDANT DE TOURS

Publié par P. de FARCY

MEMBRE DE PLUSIEURS SOCIÉTÉS SAVANTES

VANNES

EUGÈNE LAFOLYE, ÉDITEUR

1890

AVANT-PROPOS

Le roi Louis XIV, voulant procéder à la réformation de la noblesse de France, nomma *Jean-Baptiste* Voisin, chevalier, seigneur de la Noiraye, conseiller du roi en tous conseils et maître des requêtes ordinaires de son hôtel, « *commissaire* « *départi pour l'exécution des ordres de Sa Majesté en provinces* « *de Touraine, Anjou et Maine pour satisfaire à l'arrêt du Con-* « *seil du 22 mars 1666.* » Les poursuites étaient faites à la re- quête de Mᵒ Jean de Laspeyre, son principal commis et durèrent quatre ans. Jean-Baptiste mourut en 1672. Les minutes du greffe où étaient inscrits les titres de noblesse des familles domiciliées dans chacune des trois élections de Tours, Angers et le Mans, étaient en 1705 conservées par son fils *Daniel-Fran-* *çois* Voisin, chevalier de la Noiraye, qui fut successivement conseiller d'Etat en 1704, secrétaire d'Etat en 1709, enfin chancelier et garde des sceaux en 1714.

On lit en effet à la suite de la grosse originale de la main- tenue de *Marin* Boylesve, Sʳ de la Maurouzière, datée du 8 juin 1667, actuellement entre nos mains : « *Le contenu cy-* « *dessus a été par les conseillers, notaires gardes-notes du roy en* « *Chastelet de Paris soussignés, extrait et collationné sur les* « *originaux estant dans un registre relié en parchemin repré-* « *senté par M. Jacques Dière sécré taire de M. Voysin, conseiller* « *d'Etat, dans lequel registre sont inscrits les titres de noblesse* « *des personnes domiciliées dans l'élection d'Anjou en ordon-* « *nance de M. Voysin lors intendant en la généralité de Tours,*

« *ledit registre repris par led. S* Dière pour être remis à mond.*
« *S* Voysin, conseiller d'état le 22 décembre 1705 (Signé) Binot*
« *et Horiot (avec paraphes).*

On ignore quand et comment les minutes du greffe de l'intendant de la généralité de Touraine furent perdues, mais il est certain que le 6 janvier 1714, le roi chargeait *Bernard* CHAUVELIN, chevalier, S* de Beauséjour, conseiller du roi en ses conseils, maître des requêtes ordinaire de son hôtel, intendant de justice, police et finance de la généralité de Tours, de procéder à une nouvelle réformation qui eut lieu, en effet, les années suivantes.

Dans les preuves de Malte de *Camille-Hyppolite-Annibal de Farcy de Cuillé* qui furent faites les 26 et 28 décembre 1722 on lit : « *Les minuttes du greffe de l'intendant de la généra-* « *lité de Tours ayant été perdues depuis la réformation géné-* « *rale qui en fut faite en 1663, le roy ordonna qu'il en serait* « *faite une nouvelle dans l'année 1714...* ». Outre les trois registres, on fit pour chaque élection un *Catalogue des gentilshommes de la province.*

Le hasard ayant fait tomber entre nos mains celui d'Anjou, nous le publions *in extenso* ayant seulement rétabli l'ordre alphabétique et corrigé — sans y être arrivé complètement — un grand nombre d'erreurs dans les noms de personnes et de lieux.

Ainsi se trouve fixé l'état de plus de 400 familles nobles de l'Anjou. Il faut espérer que ce travail sera complété plus tard par la publication de ceux de Touraine et du Maine.

P. DE FARCY.

CATALOGUE

DES GENTILSHOMMES ET NOBLES

DE LA PROVINCE D'ANJOU

GÉNÉRALITÉ DE TOURS

Lors de la recherche de la Noblesse en 1666

PAR

M. VOISIN de la NOYRAIS

Intendant de Tours et commissaire dans cette partie nommé par la Cour.

A la suite est le rôle de ceux qui ont payé la taxe pour être confirmé dans la noblesse acquise par l'échevinage et mairie de l'hôtel de ville d'Angers au folio 22.

A

René AMOUREUSE, Ecuyer, sieur de Vernusson, *René Amoureuse,* son fils, demeurant paroisse de Jallais.

Pierre Amoureuse, Ecuyer, seigneur du Mureau et de la Blottière, demeurant paroisse Saint-Pierre, élection d'Angers, eurent acte de la représentation de leurs titres, scavoir ledit Pierrre le 14 juin 1667 et ledit René le 6 octobre 1668.

*Charles d'*ANDIGNÉ, Ecuyer, seigneur d'Angrie et de Vezins, demeurant paroisse d'Angrie, élection d'Angers, eut acte de la réprésentation de ses titres le 6 juin 1667.

Suzanne d'Andigné, Vᵉ de *René d'Andigné,* Ecuyer, seigneur de Chazé, *René, Jean, Louis d'Andigné* leurs enfants ;

Jean d'Andigné, Ecuyer, seigneur de Sainte-Jamme, demᵗ paroisse de la Jalliette. El. d'Angers.

Louis d'Andigné, tous deux frères dudᵗ René, Eʳ Sʳ de Chazé, leur oncle, eurent acte de la représentation de leurs titres le 17 Juin 1667.

Armand d'Andigné, Ecuyer, seigneur de Beauregard, dem^t à Jumelles. El. de Baugé.

René d'Andigné, Ecuyer, Sr de la Chaluère, son oncle, dem^t paroisse de Gennes. El. de Château-Gontier.

René d'Andigné, E^r Sr de la Barre, demeurant P^{sse} de Saint-Saturnin, El. de Château-Gontier et *Pierre d'Andigné*, son frère, E^r Sr de la Fauvélière, eurent acte de la représentation de leurs titres le 20 mars 1670.

Charles d'Andigné, E^r S^r des Escotais, dem^t paroisse de Laigné. El. de Château-Gontier.

René d'Andigné, E^r Sr de Montjauger, P^{sse} de Combré, El. d'Angers, eurent acte de la présentation de leurs titres le 30 décembre 1669.

Christophe d'Andigné, E^r S^r des Essards, dem^t paroisse Saint-Georges El. d'Angers père de *Charles et Louis d'Andigné*, eurent acte de la représentation de leurs titres le 21 mars 1667.

Guy d'Andigné, Ecuyer, sieur de la Ragottière y demeurant paroisse de Marigné, El. de Châteaugontier eut acte de la représentation de ses titres le... avril 1668.

Jean d'Andigné, Ecuyer, S. de la Ragottière, y demeurant p^{sse} de Marigné El, de Châteaugontier eut acte de la représentation de ses titres le 4 avril 1668.

Jean d'Andigné, Ecuyer Sr de la Raudière et de Nezon y demeurant p^{sse} et El. de Château-du Loir, eût acte de la représentation de ses titres le 5 février 1669.

Jean ARTAUD, Ecuyer, Maitre de la Chambre des Comptes de Nantes eut acte de la représention de ses titres le 22 mars 1681.

Charles D'ASSÉ, S^r dudit lieu, dem^t p^{sse} de Souvigné, El. de Baugé renvoié comme Gentilhomme.

Urbain D'AUBIGNÉ, Chevalier, S^r baron de Tigné, dem^t p^{sse} de Tigné. Election de Saumur.

René d'Aubigné, Chevalier Sr de la Salle, dem^t paroisse de Cernusson, El. de Saumur, eurent acte de la représentation de leurs titres le 14 août 1667.

Louis AUBRY, Ecuyer, Sr du Marin, de la Torcherie et de la Fontaine, paroisse de Saint-Martin, cy-devant El. de la Flèche, eut acte de la représentation de ses titres le 15 juin 1667 tant pour luy que pour *Maximilien* et *Maurice Aubry*, ses frères.

Nota que plusieurs frères dudit Louis Aubry ont été maintenus dans leur noblesse par jugement rendu par M. Barentin, intendant en Poitou, le 26 juillet 1667.

Pierre AUDOUIN, Ecuyer, Sr de la Blanchardière, Echevin d'Angers en 1664 et comme tel eut acte de la représentation de ses titres le 21 mars 1668.

Jacques AUDOUIN, Ecuyer, Sr de Danne, cy-devant Conseiller du Roy, assesseur au siège Royal de la prévosté d'Angers, demeurant en ladite ville, fait échevin d'Angers en 1649, eut acte de la représentation de ses titres le 5 juillet 1668 *à condition de payer la taxe pour la confirmation de ses titres.*

Urbain D'AUTERIVE, Ecuyer, Sr de Chennevières, y demeurant élection de la Flèche au nombre des maintenus par M. Voysin de la Noyrais.

Charles AVELINE, Ecuyer, Sr de Saint-Mars, Conseiller au présidial d'Angers y demeurant, eut acte de la représentation de ses titres comme fils d'échevin le 29 août 1667.

Jean-François D'AVOINE, Ecuyer, Sr de la Jaille, Gastines et baron de Fougeré, El. de Baugé, eut acte de la représentation de ses titres le 11 décembre 1666.

Julien AVRIL, Ecuyer, Sénéchal de Longue robe, président Lieutenant Général, juge des exempts et cas royaux à Saumur, y demeurant, eut acte de la représentation de ses titres le 12 juin 1669.

Pierre AYRAUT, Ecuyer, Lieutenant criminel au Siége Royal et échevin perpétuel de la ville d'Angers eut acte de la représentation de ses titres le 18 juin 1669.

B

Jean BARAULT, Ecuyer, Seigneur de la Coudre, p^sse de Chanteloup El. de Montreuil Bélay originaire d'Anjou a justifié sa noblesse depuis 1645, au nombre des maintenus par M. Voisin de la Noyrais.

Mathurin de la BARNE, Ecuyer, Sr de la Hauteprée, demeurant paroisse de Villers, El. de Baugé.

François de la Barre, Ecuyer, dem^t paroisse de Moyette, El. du Château-du-Loir eurent acte de la représentation de leurs titres le 27 ctobre 1668.

Lancelot de la Barre, Ecuyer, Sr de Montchauvon, paroisse d'Echemiré El. de Baugé.

Aposthème de la Barre, Ecuyer, Sr de Bougeard, dem^t paroisse du Vieil-Baugé, El. dud. lieu eurent acte de la représentation de leurs titres les 20 et 26 septembre 1667 et 1668.

Pierre de la Barre, Ecuyer, Sr du Buron, dem^t paroisse de Chatelais, El. d'Angers obtint acte de la représentation de ses titres et pour

Jacquine de la Chesnaye, V^e de *René de la Barre*, Ecuyer, Sr de la Brière mère et tutrice de ses enfants.

François de la Barre, Ecuyer, Sr de la Pommeraye, dem^t paroisse de la Boissière, El. d'Angers.

Jean de la Barre, Ecuyer, Sr de la Roulaie, dem^t au Plessis Maurice paroisse de Denazé, El. Châteaugontier eurent acte de la représentation de leurs titres le 6 août 1667.

Claude BASTARD, Ecuyer, Sr de la Pargère, Coudreuse et Chantenay, dem^t à Coudreuse, El. de la Flèche eut acte de la représentation de ses titres tant pour lui que

René Bastard, son oncle, Ecuyer Sr de la Roche, dem^t aux Hayes paroisse de Pallu au Maine El. du Mans.

Florent Bastard, Ecuyer, S^r de... dem^t paroisse de....El. de la Flèche eurent acte de la représentation de leurs titres tant pour lui que pour ses neveux le 3 décembre 1667.

François BAULT, Sieur du Vau, renvoyé comme ayant été anobli par l'échevinage de son bisayeul.

Jacques Bault, Seigneur de la Mare, El. d'Angers descend d'un maire en 1576, au nombre des maintenus par M. Voisin de la Noyrais.

Charles de BEAUVAU, s^r de Tigné et de la Treille, paroisse de Saint-Mélaine, El. de Monreuil. Bellay au nombre des maintenus par M. Voisin de la Noyrais.

Charles de BEAUVOLLIER, Seigneur dud^t lieu, dem^t paroisse de Savenière, El. d'Angers, au nombre des maintenus par M. Voisin de la Noyrais.

Paul BÉDÉ, Ecuyer, Sr de Chanay, dem^t au Vulneau, paroisse de la Basoche, El. de Château-gontier.

Isaac Bédé, Ecuyer, Sr de Lestang et de Pierre Fol, eurent acte de la représentation de leurs titres le 20 août 1670.

René François BÉGEON, Ecuyer, Sr de Villemainsent, dem^t au Château d'Angers, eût acte de la représentation de ses titres tant pour lui que pour son père et sa tante le 10 janvier 1669.

René Le BEL, Chevallier, Sr de la Jaillère, du Chatellier, Vousserondè et Montalaye, dem^t ordinairement à la Jaillière province de Bretagne paroisse de la Chapelle de Montrelais et assigné en sa maison du Chatellier, paroisse de Chemazè, El. de Châteaugontier eut acte de la représentation de ses titres le 25 août 1668.

Charles du Bellay. Ecuyer, Sr du Bois Raganne, y dem^t paroisse de Saint-Georges, El. de Saumur eut acte de la représentation de ses titres le 29 mars 1667.

Charles du Bellay, Seigneur de la Pallue.

Louis du Bellay, Seigneur du Buchard, son frère et,

Antoine du Bellay, Seigneur de la Courbé, El. d'Angers, eurent acte de la représentation de leurs titres le 22 mars 1669.

Césard DE BELLÈRE, Ecuyer Sr du Tronchay et de la Ragotière.

François de Bellère, Ecuyer, son frère, dem^{ts} El. de Saumur eurent acte de la représentation de leurs titres le 2 février 1668.

Claude DE BELLEVILLE, Ecuyer, Sr de la Ploutière, dem^t p^{sse} de la Cosse en Anjou, El. de Baugé, eut acte de la représentation de ses titres le 7 juillet 1667.

Antoine DE BELOTEAU, Seigneur de la Treille, El. de Montreuil-Bellay au nombre des maintenus par M. Voisin.

Philippe DE LA BÉRAUDIÈRE, Ecuyer, Sr de Maumusson, dem^t paroisse de Cléray, El. de Montreuil-Bellay au nombre des maintenus par M. Voisin.

Guillaume BÉRAULT, Ecuyer, S^r des Hayes et de la Movellière, dem^t paroisse de Macon, El. de la Flèche et ses frères, eurent acte de la représentation de leurs titres le 9 octobre 1666.

René DE BETZ, Chevalier, Sr de la Carteloire, demeurant au Lude, El. de Baugé, eut acte de la représentation des titres le 9 octobre 1666.

François BIGOT, Ecuyer, S^r des Parquettes, dem^t p^{sse} de Douzay, El. de Baugé eut acte de la représentation de ses titres le 24 janvier 1669.

René LE BIGOT, Ecuyer, Sr de la Linière, Garguesalles, dem^t paroisse du Gars, El. de la Flèche, eût acte de représentation de ses titres le 8 avril 1667.

Magdelaine Cabaret (V^e de *René le Bigot*) Sr de la Martellière, dem^t paroisse de Passavant, El. de Montreuil-Bellay produisit pour elle et pour ses enfants et mis au nombre des maintenus par M. Voisin.

Guy DE LA BIGOTTIÈRE, Sr de Perchambault, Conseiller au siège présidial d'Angers, El. dud. lieu au nombre des maintenus par M. Voisin.

Pierre BINET, Ecuyer, Sr Montifray, et de Montmoustier dem^t par^{sse} de St Florent-le-Viel d'Angers et

Victor Binet, Ecuyer Sr de Montilfray demeurant au lieu de Beaumont la Brulée, El. de Tours, eurent acte de la représentation de leurs titres le 19 mars 1668.

Jacques BITAUD, Ecuyer, Sr de Gousselière, dem^t paroisse de Favraye, El. de Montreuil-Bellay, maintenus par M. Voisin.

René BLOUIN, Ecuyer, S^r des Couteaux, demeurant à Angers fut échevin en 1662. Renvoyé au Conseil avec avis le 30 mars 1667 de le comdamner à l'amende de 600. l. pour avoir pris la qualité d'Ecuyer avant d'être échevin.

Jacques-Léonard BODET, Sr de la Fenestre, demeurant paroisse d'Izernay, El. de Montreuil-Bellay maintenu par M. Voisin de la Noyrais,

Robert BODIN, Ecuyer, S^r de L'Ogerie, demeurant à Angers, anobli pour services en 1651, confirmé en 1663, eut acte de la représentation de ses titres le 5 avril 1667.

Jourdain BODIN, Ecuyer, Sr de la Fredefontaine, Capitaine Exempt des gardes du corps du roy demeurant paroisse de Chemillé. El, d'Angers, eut acte de la représentation de ses titres le 30 avril 1669.

Antoine du BOIS, Ecuyer, Sr de la Ferté, demeurant à la Bizollière, paroisse de Pommeray, El. d'Angers et.

Louis du Bois, Ecuyer, Sr de la Blairie, eurent acte de la représentation de leurs titres le 13 mars 1667.

Mathurin du BOIS, Ecuyer, Sr du Bois de Maquillé, paroisse de Contigné, El. d'Angers, eut acte de la représentation de ses titres le 24 août 1667.

Charles du BOIS, Ecuyer, Sr de la Ferronnière, demeurant paroisse du Louroux-Bottereau, Evêché de Nantes, province de Bretagne, El. d'Angers, eut acte de la représentation de ses titres tant pour lui que pour *Fleurance David* comme V^e de *Louis du Bois,* Ecuyer, Sr de la Touche-Ferronnière et tutrice de ses enfants, P^{sse} de Saint—Germain—des—Prés. El. d'Angers, le 28 mars 1667.

Jude du BOIS BERRANGER, Ecuyer, Sr de Vigré, demeurant paroisse de Saint—Martin du Bois, El. d'Angers, eut acte de la représentation de ses titres tant pour lui que pour *Guy du Bois Berranger*, son frère, Ecuyer, Sr du Gué, de la Cousterie, paroisse de Charné, El. du Mans, eut acte de la représentation de ses titres le 1er février 1668.

Aveline (?) DU BOISJOURDAN, Ecuyer, S^r des Courans, dem^t paroisse de Longuefuye. El. de Château-Gontier et

Hercule-François du Boisjourdan, Ecuyer, S^r dud^t lieu, eurent acte de la représentation de leurs titres le 23 août 1667.

Isaac BOISSARD, Ecuyer, Sr de la Bigauderie, paroisse de Longué, El. d'Angers, eut acte de la représentation de ses titres le 14 février 1667.

François DE BOISSY, Ecuyer, Sr de la Charte-Bouchère, demeurant à Izernay, El. de Montreuil-Bellay, maintenu par arrêt du 7 septembre 1667.

René DE BONCHAMP, seigneur de Maurepart et de la Baronnière, chevalier de l'ordre Saint-Michel et

René de Bonchamp, son fils aisné, demeurant p^{sse} de Louresse, El. de Saumur, eurent acte de la représentation de leurs titres le 18 septembre 1667.

André BONEVIE, Ecuyer, seigneur de la Chevallerie, demeurant p^sse de Brûlon, El. de la Flèche au nombre des maintenus par M. Voysin de la Noyrais.

François DU BOUCHER, seigneur de Couenaux.

Louis-Michel, Léonard et Charlotte du Boucher, ses frères, demeurant p^sse d'Aubigné, El. de la Flèche, au nombre des maintenus par M. Voysin de la Noyrais.

Antoine LE BOUCHER, Ecuyer, Sr de Bernay, demeurant à Mayet, El. de la Flèche, eut acte de la représentation de ses titres tant pour lui que pour son père le 29 aoust 1667.

Pierre DE BOUILLÉ, Ecuyer, Sr de la Vallette, eut acte de la représentation de ses titres le 26 avril 1670.

Jean DU BOUL, Ecuyer, Sr de Ceintré, eut acte de la représentation de ses titres le 26 avril 1670.

Jean BOURCEAU, Sr de la Daumerie, demeurant à Angers, au nombre des maintenus par M. Voysin de la Noyrais,

Jean DE LA BOVETTE (?), S^r dud^t lieu, eut acte de la représentation de ses titres le 14 août 1670.

Louis BOYLESVE, Ecuyer, Sr de la Gillière.
François Boylesve, Ecuyer, S^r des Noulis.
Jacques Boylesve, Ecuyer, ses fils.
Charles Boylesve, Ecuyer, S^r des Aulnais, Conseiller au parlement de Bretagne.
Henry Boylesve, Ecuyer, Sr de la Moricière, ses frères, eurent acte de la représentation de leurs titres le ...
Perrine Binelle, V^e *d'Henry Boylesve*, Ecuyer, S^r d'Auverée.
Michel Boylesve, Ecuyer, Sr de la Galaisière, demeurant à Baugé, eurent acte de la représentation de leurs titres le 9 aoust 1669.
Marin Boylesve, Ecuyer, Sr de la Maurouzière, demeurant à Angers, eut acte de la représentation de ses titres le 7 juin 1667.

Louis de BRESLAY, Ecuyer, S^r des Liardières, au nombre des maintenus par M. Voisin.

Charles BRIAND, Ecuyer, Sr de la Bréchette, avoit épousé *Françoise Epron*, laquelle étant V^e de lui et tutrice de leurs enfants demeurant paroisse du Viel-Baugé, El. de Baugé, eut acte de la représentation de ses titres, de même que *René Briand*, Ecuyer, Sr de Brez et sa V^e, *Françoise Bellanger*, le 3 décembre 1667.

François de BRIE, Ecuyer, Sʳ de la Houssaye, paroisse de Rablay, El. d'Angers, eut acte de la représentation de ses titres le 24 aoust 1667.

Thimothée BRILLET, Ecuyer, Sʳ de la Grée.

Charles Brillet, Ecuyer, Sʳ de la Ferté, cavalier dans le régimen de la ..., son frère.

Claude, René, Jean Brillet, Ecuyers, Sʳˢ de la Villate.

François Brillet, prêtre, tous frères demeurants paroisse de Loiré, El. d'Angers, eurent acte de la représentation de leurs titres le 6 février 1667.

Pierre de BROC, Chevalier, Sʳ comte de Broc, y demeurant, El. de Baugé, eut acte de la représentation de ses titres tant pour lui que pour ses frères le 15 février 1669.

Armand de Broc, Chevalier, Sʳ Baron de Chemillé, y demeurant, El. de Baugé, eut acte de la représentation de ses titres le 11 avril 1669.

Jacques de Broc, Ecuyer, Sʳ de la Roche, demeurant paroisse de Vernay-le-Fourier, El. de Baugé, eut acte de la représentation de ses titres tant pour luy que pour *Mathurine de Broc*, sa tante, le 28 septembre 1668.

Victor de Broc, Ecuyer, Sʳ de la Ville-au-Fourier, demeurant pˢˢᵉ de Vernay-le-Fourier, El. de Baugé, eut acte de la représentation de ses titres le 22 septembre 1668.

René DE BROSSARD, Ecuyer, Sʳ de Launay, demᵗ en sa maison du Chesne-aux-Bœufs, paroisse de Moulierne, El. de Baugé, eut acte de la représentation de ses titres tant pour luy que pour

Innocent, Elisabeth, Jean et Anne de Brossard, Ecuyers, demeurants pˢˢᵉ de Moulierne, ses frères et sœurs et ce le 9 may 1669.

Paul DE LA BRUNETIÈRE, Chevalier, Sʳ du Plessis de Gesté, El. d'Angers, eut acte de la représentation de ses titres tant pour luy que pour *Jacques*, son frère, le 11 mars 1667.

Anne Eveillard, *veuve d'Anselme* DU BUAT, Ecuyer, Sʳ du Teillay et de Chantelou, mère et tutrice de ses enfants, demᵗ paroisse de Saint-Gault, El. de Château-Gontier, eut acte de la représentation de ses titres le 7 aoust 1668.

Charles du Buat, Ecuyer, Sʳ de la Subrardière, demeurant en sa maison de Chanteuil, paroisse de Méral, El. de Château-Gontier, eut acte de la représentation de ses titres le 15 aoust 1668

C

Charles de CADELA, Ecuyer, Sr de la Motte-Bormelaire, demeurant paroisse de Saint-Agnan, El. de Château-Gontier, eut acte de la représentation de ses titres le 2 juin 1668.

François DE CANTINEAU, Ecuyer, Sr de la Chateigneraye, d'Augé, dem^t paroisse de Vernay, El. de Baugé.

François et Antoine de Cantineau, E^{rs}. Srs de la Valinière, dem^t p^{sse} de Villé, eurent acte de la représentation de leurs titres, le 5 novembre 1668.

Louis CAPEL, Ecuyer, Sr du Tillory,

Jacques Capel, E^r, son frère, Sr de Montjoubert, dem^t à Saumur, paroisse de Saint-Pierre, renvoyé au conseil le 1er février 1663 et maintenu par arrest du 26 may 1667.

Charles de CARBONIER chevalier, Sr de Rouveau, y demeurant paroisse de Chaumont, El. de Baugé, eut acte de la représentation de ses titres tant pour lui que pour son épouse le 23 avril 1667.

François-Antoine de CAUX, Ecuyer, Sr de Saint-Etienne.

René de Caux, Ecuyer, Sr de Chassé, demeurant paroisse de Saint-Germain de Bourgueil, El. de Saumur, eurent acte de la représentation de leurs titres le 2 septembre 1666.

Gabrielle et Antoine de Caux, seigneur de Chassé, demeurant à Saint-Germain de Bourgueil, El. de Saumur, au nombre des maintenus par M. Voisin de la Noyrais.

René de CHAMPAGNÉ, Ecuyer, Sr de Moiré, demeurant paroisse de Seurdres, El. d'Angers.

Antoine de Champagné, E^r Sr de la Motte, demeurant paroisse de Saint-Laurent des Mortiers, El. d'Angers, son frère.

Isaac de Champagné, Sr de la Pommeraye, demeurant paroisse d Vernay-le-Fourier, El. de Saumur, cousin dud. René, eurent acte de la représentation de leurs titres le 20 aoust 1667.

Brandelis de Champagné, Sr de Mossé, demeurant paroisse de Courléon, El. de Saumur.

Abdon de Champagné, E^r, Sr de Champot, son frère, demeurant paroisse de Jumelle, El. d'Angers, eurent acte de la représentation de leurs titres le 8 mars 1668.

René de Champagné, chevalier, Sr de la Motteferchault, de la Lizière, dem^t paroisse du Lion-d'Angers, El. dud. Angers, eut acte de la représentation de ses titres le 16 mars 1668.

François de Chané, Ecuyer, S^r de l'Aunay et de Sourdigné, demeurant paroisse de Sourdigné, près Gonnord, El. d'Angers, eut acte de la représentation de ses titres le 22 février 1668.

Urbain de la Chapelle, Ecuyer, Sr de Vaujouin, demeurant paroisse de Saint-Maurice d'Angers, eut acte de la représentation de ses titres le 4 juin 1667.

Gabriel de Charnières, Ecuyer, Sr de Bressigné et de la Rozellière, dem^t paroisse de Brion, El. d'Angers, eut acte de la représentation de ses titres tant pour luy que pour ses frères et sœurs le 9 may 1668.

Philippe du Chastel, Ecuyer, Sr de Brillé et de Bonfaire, El. de Saumur, eut acte de la représentation de ses titres le 17 aoust 1670.

Louis du Chastell, Ecuyer, Sr du Bazay, El. d'Angers, eut acte de la représentation de ses titres le 28 mars 1667.

Paul du Chemin, Ecuyer, Sr de la Bretonnière, demeurant paroisse de Tillières, El. d'Angers, eut acte de la représentation de ses titres tant pour luy que pour son frère et leur mère le 17 may 1668.

Joachim de Chénedé, Ecuyer, conseiller au présidial d'Angers, onseiller à l'hôtel de ville, substitut du procureur général en la chambre de justice, demeurant à Paris, rue Neuve des Petits-Champs, paroisse Saint-Eustache, fut élu Echevin en 1658 et puis maire en 1661, eut acte de la représentation de ses titres, le 11 février 1668 à la charge de payer la somme à laquelle il sera taxé au Conseil du Roy pour être confirmé en sa noblesse suivant l'édit du mois de mars 1667. Arrêt du conseil qui maintient dans sa noblesse led. Joachim de Chénedé le 10 novembre 1671.

François DE CHERBÉE, Ecuyer, S^r d'Ardane, demeurant avec ses frères paroisse de Corzé, El. d'Angers, eut acte de la représentation de ses titres, tant pour luy que pour *Joseph, Louis* et *Philippe de Cherbée,* ses frères, le 22 juillet 1670.

Artur DE CHERITÉ, Ecuyer, S^r dé Noizé, demeurant paroisse de Beaufort, El. d'Angers, eut acte de la représentation de ses titres tant pour luy que pour son père le 21 may 1667.

René DU CHESNE, le jeune, Ecuyer, Sr de la Bardélière, paroisse de Ressigné, El. de Saumur, eut acte de la représentation de ses titres le 31 décembre 1666.

Joseph du Chesne, Ecuyer, Sr de Mareil, demeurant paroisse du Viel-Baugé, El. de Baugé, eut acte de la représentation de ses titres tant pour luy que pour sa sœur le 14 février 1669.

Joseph du Chesne, Ecuyer, Sr de la Bertelotière y demeurant paroisse de Chanzeaux, El. d'Angers, eut acte de la représentation de ses titres le 7 avril 1668.

René DE LA CHEVALLERIE, Ecuyer, Sr de la Touchardière, demeurant à l'Eperonnière, paroisse de Livrée, El. de Châteaugontier, eut acte de la représentation de ses titres tant pour luy que pour *Guy,* son frère, *René* et *Daniel,* ses cousins, et les V^{es} de *Daniel* et de *Gilles,* ses oncles, le 18 septembre 1668.

Thomas LE CHEVALLIER, écuyer, S^r de l'Emaudière et de Liré, demeurant paroisse de Blaizon, El. de Saumur, eut acte de la représentation de ses titres le 21 septembre 1666.

Louis DE CHÉVÉROT, Ecuyer, Sr de la Boutonnière, demeurant à Angers, eut acte de la représentation de ses titres le 12 novembre 1666.

Pierre CHÉVRIER, S^r des Noyers, demeurant à Angers, paroisse de St Maurille, Echevin de la ditte ville, au nombre des maintenus par M. Voisin de la Noirays.

Henri DE CHIVRAY, Chevalier, Sr Marquis de la Barre, y demeurant paroisse de Bierné, El. de Châteaugontier, eut acte de la représentation de ses titres tant pour luy que pour sa mère et pour

Gédéon de Chivray, son oncle, Chevalier, Sr Baron de Mélian, demeurant en la maison de la Touchemoreau, paroisse de Seurdres, El. d'Angers, et ce le 19 aoust 1667.

Jean CHOTARD, S' de la Hardière, Conseiller à la prévosté d'Angers y demeurant, fut échevin en 1661, eut acte de la représentation de ses titres le 4 mars 1668, à la charge de payer la somme à laquelle il sera taxé au conseil pour être confirmé dans sa noblesse.

François Chotard, avocat au siège présidial d'Angers, y demeurant paroisse de S'-Michel-du-Tertre, eut acte de la représentation de ses titres le 17 aoust 1668.

- *Joseph Chotard*, S' des Chastelais, demeurant à Angers, paroisse de S'-Maurille, eut acte de la représentation de ses titres le 12 janvier 1670.

Louis LE CLERC, Ecuyer, S' de Maunay et de la Bretesche, demeurant paroisse de Martigné-Briand, El. d'Angers, eut acte de la représentation de ses titres, tant pour luy que pour son père et frère le 16 avril 1667.

Philippe Le Clerc, Ecuyer, S' de la Ferrière, y demeurant et

Jean Le Clerc, Ecuyer, S' des Aimereaux, demeurant en la ville d'Angers, eut acte de la représentation de ses titres le 23 avril 1667.

René LE CLERC, Ecuyer, Baron de Sautré, S' de la Roche-Joullain, de Noyant et de Grée-sur-Maine, demeurant en son château de Sautré, par. de Feneux, El. d'Angers, produisit ses titres par devant M. Voisin, tant pour lui que pour

René Le Clerc, et *Urbain Le Clerc*, son cousin.

Renvoyé au Conseil avec avis de les maintenir le 7 may 1667, qui maintient Charles, Louis et Urbain Le Clerc en leur noblesse.

René COCHELIN, S' de la Bellière, demeurant à Angers, eut acte de la représentation de ses titres le 11 may 1667.

François COCHON, Ecuyer, S' de Geupillon, dem' à Angers, eut acte de la représentation de ses titres le 19 juillet 1667.

Simphorien COLLIN, Ecuyer ordinaire de la grande écurie du Roy, demeurant à Angers, renvoyé par M. Voisin avec deffenses de reprendre la qualité d'Ecuyer.

Erasme de CONTADE, Ecuyer, S' de la Rochetibault, demeurant audit lieu paroisse de Jarzé, El. de Baugé, eut acte de la représentation de ses titres le ... may 1667.

Claude de la CORBIÈRE, Ecuyer, S' de Juvigné, demeurant en sa maison des Alleux, paroisse de Cossé-le-Vivien, El. de Château-gontier, eut acte de la représentation de ses titres le 15 juin 1668.

Pierre de CORNILLEAU, Sr de la Coudraye, paroisse de Saint-Pierre de Chambrogne, El. de Montreuil–Bellay,

Philippe–Marie Cornilleau, cousin dud. Pierre au nombre des maintenus par M. Voisin de la Noirays.

Henri LE CORNU, Ecuyer, Sr du Plessis de Cosmes, demeurant à la Réaulté, paroisse de Brissarthe, El. d'Angers, eut acte de la réprésentation de ses titres le 8 février 1668.

Jérôme COSSÉ, S^r des Grois, Echevin de la ville d'Angers, au nombre des maintenus par M. Voisin de la Noirays.

Charles du COUDRAI, Ecuyer, Sr de la Ragottière, demeurant paroisse de Saint-Martin du Limet, El. de Châteaugontier, eut acte de la représentation de ses titres le 1er aoust 1667.

Jean COURTIN, Ecuyer, Sr de la Hunaudière, lieutenant criminel et gouverneur de Baugé y demeurant, produisit ses titres par-devant M. Voisin de la Noirays qui le renvoya au Conseil le 27 avril 1667. Arrêt qui maintient ledit Jean Courtin du 15 mars 1669.

Pierre CRESPIN, Ecuyer, Sr de la Chabosselais, demeurant paroisse de Chazé-sur-Argos, El. d'Angers, eut acte de la représentation de ses titres le 16 avril 1667.

François CRESPY, Escuyer, Sr de la Mabillière, demeurant à Angers, eut acte de la représentation de ses titres le 8 janvier 1667.

François CROCHARD, Ecuyer, Sr de la Sansonnière, demeurant par d'Auverse, El. de Baugé, eut acte de la représentation de ses titres tant pour luy que pour

Adrien Crochard, Ecuyer, Sr de Lespinay, son frère demeurant susditte paroisse d'Auverse le 5 septembre 1666.

Jullien Crochard, Sr de la Crochardière, y demeurant paroisse de Chemiré, El. de Baugé, eut acte de la représentation de ses titres le 27 août 1667.

Charles DE LA CROIX, Ecuyer, s^r de Moinet, paroisse de Saint-Mathurin, El. d'Angers, eut acte de la représentation de ses titres le 16 septembre 1670.

Anne de Cornilleau, v^e de *Claude* DE LA CROSSONNIÈRE, Chevalier, S^r dud^t lieu et ce comme ayant la garde noble de leurs fils demeurant paroisse de Mozé, El d'Angers, eut acte de la représentation de ses titres de noblesse le 22 août 1667.

René DE CUILLÉ, Ecuyer, S^r des Etories, demeurant p^{sse} de Nuillé. El. de Château-Gontier. *Pierre de Cuillé*, son oncle, Ecuyer, Sr de la Marre, dem^t paroisse de Brissac, El. d'Angers, eurent acte de la représentation de leurs titres le 28 may 1668.

Pierre DE CUISSARD, Ecuyer, Sr de Marelle, demeurant paroisse de Vernante, El. de Baugé, eut acte de la représentation de ses titres tant pour luy que pour son frère le 12 novembre 1669.

Nicolas CUPIF, Sr de Teildras, de..... conseiller au présidial d'Angers, au nombre des maintenus par M. Voisin de la Noirays.

D

Gabriel DAVY, Seigneur de Létortière, demeurant à la Flèche, au nombre des maintenus par M. Voisin de la Noïrays.

René Davy, Sr de Chavigné, conseiller secrétaire du Roy, auditeur des comptes en la chambre de Bretagne, demeurant à Angers, au nombre des maintenus par M. Voisin de la Noirays.

Jacques Davy, S^r au Chiron, avocat, et procureur et banquier extraordinaire en cour de Rome, demeurant à Angers, fut échevin de la ditte ville en 1651, continué en 1653 par déclaration du Roy du 17 avril 1653, produisit ses titres avec *Clément Davy*, Conseiller au présidial d'Angers, son fils, renvoyé au conseil le 29 avril 1667. Arrêt du... 1668 qui maintient Jacques Davy et Clément, son fils.

René de DIEUZIE, Ecuyer, Sr de la Haye, paroisse de Sainte-Jammes, près Segré, El. d'Angers, eut acte de la représentation de ses titres le 2 avril 1667.

René de Dieusy, Ecuyer, Sr de la Ruaul et de Sermont, El. d'Angers, eut acte de la représentation de ses titres le 2 avril 1667.

Louis de DOMMAGNÉ, Chevalier, Sr de la Rochehue, demeurant paroisse de Chéviré-le-Rouge, El. de Baugé, eut acte de la représentation de ses titres le 22 août 1667.

Charles DROUET, Ecuyer, Sr de Cimbray, demeurant paroisse de Tiercé, El. d'Angers, au nombre des maintenus par M. Voisin.

Jacques DROUILLARD, Sr de la Baure et *Isidore Drouillard*, son neveu, demeurant paroisse de Chalains, El. d'Angers au nombre des maintenus par M. Voisin.

René de la DUFFERIE, Ecuyer, S^r dudit lieu, Baron de Marser, Seigneur de Bouère et de la Vaizouzière, demeurant paroisse de Bouère, El. de la Flèche, eut acte de la représentation de ses titres le 11 août 1667.

E

Allexandre des ECOTTAIS, Ecuyer, Sʳ de Chantilly, de la Cheval-lerie et de la Houdinière, paroisse de Courcelle, El. de Baugé, eut acte de la représentation de ses titres le 26 mai 1667.

*Esprit d'*ESCOUBLANT, Ecuyer, Chevalier, Sʳ de la Touche d'Escou-blant, du Vivier, de la Sorinière, paroisse de Saint-Pierre de Chemiré, El. d'Angers, eut acte de la représentation de ses titres, tant pour luy que pour

Michel d'Escoublant, son cousin, Ecuyer, Sʳ de la Hardière, demeu-rant paroisse de Saint-Florent, El. d'Angers le 9 mars 1668.

*Charles d'*ESPAGNE, Ecuyer, Sʳ de Laubonnière, demeurant paroisse de Villiers, El. de Baugé, au nombre des maintenus par M. Voisin de Noirays.

Susanne Le Vavasseur, veuve de feu *Henry d'Espagne,* Ecuyer, Sʳ de Veuville, mère, garde noble de *Louis, Henri, Claude, Charles* et *Henriette d'Espagne,* ses enfans, demeurant paroisse de Lassé, El. de la Flèche, au nombre des maintenus par M. Voisin de la Noirays.

François EVEILLARD, Ecuyer, seigneur (*sic*), conseiller du Roy, président de la prévosté d'Angers, conseiller et échevin perpétuel de la ditte ville d'Angers, eut acte de la représentation de ses titres le 6 août 1667.

F

Charles FARCY, Ecuyer, Sr de la Cartrie demeurant paroisse de Cuillé, El. de Châteaugontier, eut acte de la représentation de ses titres le 7 août 1667.

Pierre de la FAUCILLE, Ecuyer, Sr de Saint-Aubin, y demeurant, El. d'Angers, eut acte de la représentation de ses titres tant pour luy que pour son père le 26 avril 1667.

Marc de la Faucille, Ecuyer, Sr de Saint-Aubin, y demeurant. El. d'Angers,

Pierre de la Faucille, Ecuyer, s^r dud. lieu, son frère demeurant paroisse de l'Hôtellerie de Flée. El. de Châteaugontier, eurent acte de la représentation de leurs titres le 26 avril 1667.

Ambroise du FAY, Ecuyer, Sr de la Morinière, El. de Saumur, eut acte de la représentation de ses titres le 3 may 1668.

René du Fay, Ecuyer, Sr de Croye, demeurant par. de Saint-Laurent-de-Forge, El. de Saumur, eut acte de la représentation de ses titres le 3 may 1668.

Charles de FESQUE, Ecuyer, Sr de Marmande, demeurant paroisse de la Fosse, El. de Montreuil-Bellay,

Jacques de Fesque, Ecuyer, S^r de l'Eperonnière, demeurant par. de Clezé, El. d'Angers, eurent acte de la représentation de leurs titres le 23 février 1668.

François de FEUQUEROLLES, Ecuyer, Sr de Princé, demeurant au château de Durtal, El. de la Flèche, eut acte de la représentation de ses titres le 27 septembre 1666.

Claude LE FEBVRE, Ecuyer, Sr de la Guiberdrie, demeurant paroisse de Saint-Maurice d'Angers, eut acte de la représentation de ses titres le 31 décembre 1666.

Léonard Le Febvre, Ecuyer, Sr de Juillé, demeurant avec son père paroisse de Saint–Germain, El. de la Flèche, eut acte de la représentation de ses titres, tant pour luy que pour son père, le 26 mars 1667.

Charles Le Febvre, Ecuyer, Sr de Lespinay, conseiller au parlement de Bretagne, demeurant paroisse de Bonchamps, El. de Châteaugontier, eut acte de la représentation de ses titres le 31 mars 1668.

René Le Febvre, Ecuyer, Sr de Chamboureau, demeurant à Angers, auditeur de la chambre des comptes de Bretagne, eut acte de la représentation de ses titres, par devant M. Voisin qui le maintint en sa qualité d'Ecuyer, tant qu'il exercera sa charge et ne fera acte dérogeant, le 14 may 1667.

Jean de la FONTAINE, Ecuyer, Sr de Grandmaison, demeurant paroisse de Chemillé, El. de la Flèche, eut acte de la représentation de ses titres le 9 juillet 1667.

René de FONTENELLE, Ecuyer, S^r dud. lieu, demeurant paroisse de Laigné, El. de Châteaugontier, eut acte de la représentation de ses titres le 11 décembre 1668.

Tomas FOUCHER, Ecuyer, Sr de la Feillère, demeurant paroisse de Beaufort, El. d'Angers, eut acte de la représentation de ses titres le 7 mars 1667.

Pierre FRAIN, Sr du Planty, assesseur en l'El. d'Angers, y demeurant, au nombre des maintenus par M. Voisin.

Guy de FRANQUETOT, Sr de Saint–Hénis, demeurant paroisse d'Andigné, El. d'Angers, au nombre des maintenus par M. Voisin, et eut acte le 23 mars 1668.

François FREZEAU, Chevalier, s^r marquis de la Frezellière, demeurant en son château du Bouchet, par. de Lassé, El. de Baugé, eut acte de la représentation de ses titres le 29 aoust 1667.

G

René GABORIN, Chevalier, Sʳ de Boussay et de la Forest–Clairambault, y demeurant paroisse de Gesté, El. d'Angers, eut acte de la représentation de ses titres le 20 may 1669.

François de GAIGNÉ, Chevalier, Sʳ de Loiré, demeurant paroisse de Marsen. El. de la Flèche, eut acte de la représentation de ses titres le 14 juin 1667.

Denis GANCHES, Sʳ du Brossay et *Pierre Ganches*, Sʳ de la Fouronnière, frères, demeurant à Angers, maintenus par M. Voisin.

Louis LE GANTIER, Ecuyer, Sʳ de Vallée, épousa *Marguerite de Bongare*, dont étant veuve dudit Louis Le Gantier, demeurant au lieu de la Vallée, en la Chartre, paroisse de Chastillon. El. de la Flèche, eut acte de la représentation de ses titres, tant pour elle que pour ses enfants, le 13 juin 1667.

René GASCOING, Ecuyer, Sʳ de la Musse, de la Rondellière et du Chesnay, demeurant paroisse de Tilliers, El. d'Angers, eut acte de la représentation de ses titres tant pour luy que pour son fils le 29 may 1667.

René du GATS, Ecuyer, Sʳ du Fresne, demeurant paroisse de Saint-Crespin, El. d'Angers, eut acte de la représentation de ses titres le 11 juin 1667.

Urbain GAUDICHER, Ecuyer, Sʳ d'Aversé et de la Coutardière demeurant paroisse de Brissarthe, El. d'Angers, eut acte de la représentation de ses titres le 18 avril 1667.

Jacques GAUTIER, Ecuyer, Sʳ de Chanzé, demeurant à Angers, eut acte de la représentation de ses titres le 8 juin 1668.

Jean LE GAY, Chevalier, Sr de la Giraudière et de la Poissonnière, demeurant au Lude, El. de Baugé, eut acte de la représentation de ses titres le 4 juillet 1667.

René Le Gay, Ecuyer, Sr du Verger, demeurant paroisse de Touarcé, El. d'Angers et *André Le Gay*, Ecuyer, Sr du Filleul, demeurant paroisse de Saint-Sauveur de Flée, El. de Châteaugontier, cousin dudit René, eurent acte de la représentation de leurs titres le 4 mars 1668.

Joachim GENCIEN, Ecuyer, S^r d'Erigné et de la Garenne, demeurant paroisse d'Erigné, El. d'Angers, eut acte de la représentation de ses titres le 30 juillet 1666.

Pierre GENDRAULT, Ecuyer, Sr de Chambon, Savary et des Pastures, demeurant à Saumur, eut acte de la représentation de ses titres le 20 décembre 1666.

René de GENNES, Ecuyer, Sr de la Guespière, demeurant à Faye El. d'Angers,

Charles de Gennes, Ecuyer, Sr de Charon, demeurant paroisse de Verché, El. de Saumur et

Augustin de Gennes, Ecuyer, Sr de la Bouillère, demeurant paroisse de Linière-Bouton, El. de Baugé, eurent acte de la représentation de leurs titres le 6 mars 1668.

Hector de Gennes, S^r dudit lieu, demeurant avec son père, paroisse de Chavagne, El. de Baugé, eut acte de la représentation de ses titres tant pour luy que pour son père et pour *René* et *François* ses frères le 4 juin 1669.

René de GIBOT, Ecuyer, Sr du Moulinvieux et de la Perrinière, demeurant paroisse de Saint-Germain, El. d'Angers, eut acte de la représentation de ses titres tant pour lui que pour *René-Luc de Gibot* son fils, Ecuyer, page de la grande Ecurie le 19 mars 1667.

Jean GILLES, Ecuyer, Sr de la Grue, demeurant à Angers, eut acte de la représentation de ses titres le 25 mars 1667.

François Gilles, Ecuyer, Sr de la Bérardière et du Bois de Soulaire, y demeurant, El. d'Angers, eut acte de la représentation de ses titres le 3 mars 1669.

Philippe GIRARD, Chevalier, Sr de la Charnassé, demeurant en sa maison de Linières, paroisse de Ballée, pays du Maine, El. de la Flèche, eut acte de la représentation de ses titres tant pour luy que pour son fils et pour *Jacques* et *Pierre*, ses frères, le 3 octobre 1666.

Bonaventure de Girard, Ecuyer, Sr de Boismorin, demeurant paroisse de Cheviré-le-Rouge, El. de Baugé, eut acte de la représentation de ses titres le 22 août 1667.

Pierre de GIROIS, Chevalier, Sr de Neufvy épousa *Marie du Tronchay*, veuve dudit Girois, demeurant à la Rochemayet, paroisse de Mazé, El. de la Flèche, eut acte de la représentation de ses titres tant pour luy que pour elle le 14 juin 1667.

René du GOULET, Sr du Patis et de la Chévrière, demeurant paroisse de Morannes, El. de la Flèche, eut acte de la représentation de ses titres le 21 juin 1667.

Jean LE GOUX, Ecuyer, Sr des Mortiers, demeurant paroisse de Saint-Aubin-de-Pouancé, El. d'Angers, eut acte de la représentation de ses titres le 19 may 1667.

Raoul LE GOUZ, Ecuyer, Sr de la Boulaie, demeurant audit lieu, Sr de Bordes, paroisse de Pontigné, El. de Baugé, eut acte de la représentation de ses titres le 3 novembre 1666[1].

Antoine Le Gouz, Ecuyer, Sr du Plessis-le-Vicomte, demeurant paroisse de Meigné-le-Vicomte, El. de Baugé, eut acte de la représentation de ses titres le 6 octobre 1668.

Charles-Alexandre GOUYON, Sr de la Raimbaudière, demeurant en Bretagne,

Pierre Gouyon, Sr de la Frettelière, demeurant paroisse de Trémentines, El. de Montreuil-Bellay, au nombre des maintenus par M. Voisin de la Noirays.

René de la GRANDIÈRE, Chevalier, Seigneur dudit lieu et de Laillée, demeurant à Angers, eut acte de la représentation de ses titres le 13 juin 1667.

René de la Grandière, Ecuyer, Sr de Montjoffroy, y demeurant paroisse de Mazé, El. de Baugé, eut acte de la représentation de ses titres le 8 mars 1668.

Henry GRAY, Ecuyer, Sr de la Tromère, demeurant à Saumur, eut acte de la représentation de ses titres le 11 octobre 1666.

Guillaume de la GRÉE, Ecuyer, Sr de la Laudière et de la Houssaye demeurant paroisse de Saint-Laurent, El. d'Angers, eut acte de la représentation de ses titres et *Christophe de la Grée*, son oncle, le 25 septembre 1668.

---

[1] Il les avait présentés le 27 septembre 1666. La grosse originale de sa maintenue, ainsi que celle du suivant, sont actuellement dans les titres de M. Ch. d'Achon, à la Roche de Gennes (Maine-et-Loire).

Geoffroy de GRENOUILLON, Ecuyer, Sʳ de Fourneux, demeurant à l'abbaye de Fontevrault, El. de Saumur, eut acte de la représentation de ses titres, tant pour luy que pour ses enfans, le....

François GRIMAUDET, Ecuyer, Sʳ de la Croiserie, conseiller au parlement de Bretagne, demeurant à Angers, eut acte de la représentation de ses titres le 6 juin 1667.

Jacques de GRUGELIN, Ecuyer, Sʳ de Vaugelé, demeurant paroisse de Juigné, *François de Grugelin*, son frère, demeurant paroisse d'Auversé, Election de la Flèche, au nombre des maintenus par M. Voisin.

René de GUEFFRONT, Ecuyer, Sʳ de la Forge, demeurant paroisse de Niafle, El. d'Angers, eut acte de la représentation de ses titres, le 24 septembre 1668.

René de GUILLOT, Ecuyer, Sʳ du Plessis-Doussay, demeurant paroisse de Sainte-Colombe, El. d'Angers,

René de Guillot, Ecuyer, Sʳ de la Frémillonnière, son fils, demeurant paroisse de Chevillé, El. de la Flèche, au nombre des maintenus par M. Voisin de la Noirays.

H

Claude HAMELIN, Ecuyer, Sr de Maré, demeurant paroisse de Vitry, El. de Saumur, eut acte de la représentation de ses titres le 29 may 1667.

Charles du HARDAZ, Chevalier, Sr de Hauteville, demeurant paroisse de Charsigné, pays du Maine,

Thomas du Hardaz, Sr du Fresnay, demeurant paroisse d'Auvers le Hamon, El. de la Flèche eurent acte de la représentation de leurs titres le 17 octobre 1666.

Philippe-Emmanuel HARDOUIN, Ecuyer, Sr de la Girouardière, demeurant paroisse de Peuton, El. de Châteaugontier, eut acte de la représentation de ses titres le 17 août 1668.

Gilbert de la HAYE, Ecuyer, s^r de Montgazon, demeurant paroisse de Bouère, El. de La Flèche, eut acte de la représentation de ses titres le 14 août 1667.

René-Jean de la Haye, chevalier, Sr de la Vacherie, demeurant paroisse du Puy-Notre-Dame, El. de Saumur, eut acte de la représentation de ses titres le 6 mars 1670, tant pour luy que pour *Pierre de la Haye*, Ecuyer, Sr de la Verdonnière, demeurant paroisse de Lassay, pays du Maine,

François de la Haye, Ecuyer, Sr de Montbault et du Coudray, demeurant paroisse de St-Hilaire-du-Bois,

Antoine de la Haye, S^r des Hommes, son frère, demeurant audit lieu des Hommes, paroisse de Coron, El. de Montreuil-Bellay, au nombre des maintenus par M. Voisin de la Noyrais.

Marc des HAYES, Ecuyer, Sr de Cric, demeurant en son château de

Périgne, paroisse d'Avoise, El. de la Flèche, eut acte de la représentation de ses titres le 7 février 1667.

Louis HECTOR, de Tirpoil et de la Rémonnière, demeurant à Tirpoil, paroisse de Montillé, El. de Montreuil-Bellay, au nombre des maintenus par M. Voisin de la Noyrais.

René HÉLIAND, Ecuyer, Sr d'Ampoigné, y demeurant, El. de Châteaugontier, eut acte de la représentation de ses titres et maintenu par arrêt du 7 novembre 1668.

François de HELLAUD, Ecuyer, Sr de Vallière, demeurant paroisse de Loiré. El. d'Angers, eut acte de la représentation de ses titres le 16 mars 1668.

Charles HENRY, Ecuyer, Sr du Champ, demeurant à Restigny, El. de Saumur, eut acte de la représentation de ses titres le 17 avril 1667.

René de HOUDAN, Ecuyer, Sr de Lépinay, demeurant à Mayert, El. de La Flèche, eut acte de la représentation de ses titres tant pour luy que pour son frère le 28 mars 1668.

Georges HULIN, Ecuyer, Sr de la Selle, y demeurant, El. de Châteaugontier, eut acte de la représentation de ses titres tant pour luy que pour *Mathurin* et *René*, ses cousins, le 28 mai 1677.

Claude HUNAULT, Ecuyer, Sr de Marcillé, demeurant paroisse de la Membrolle, El. d'Angers.

Germain Hunault, Ecuyer, Sr de la Chevallerie, son frère, demeurant paroisse d'Etriché, El. de la Flèche, eut acte de la représentation de ses titres le 23 may 1667.

Pierre de la HUNE, Sr de la Noë, demeurant paroisse de Saint-Georges-Sept-Voies, El. de Saumur, eut acte de la représentation de ses titres le 19 septembre 1669.

J

François JACQUES, Ecuyer, Sr de la Hurelière, demeurant en sa maison de la Grisserie, paroisse de Lussé, El. de Baugé, eut acte de la représentation de ses titres le 7 may 1669.

Marie Hardian, V^e d'*André Jacques*, Ecuyer, s^r de la Borde, comme mère et tutrice de ses enfans et dudit demeurant en la ville du Lude, El. de Baugé, eut acte de la représentation de ses titres le 7 may 1669.

Louis JAMINEAU, Sr de la Couldraye, demeurant p^{sse} de St-Hillaire de Cléray, El. de Montreuil-Bellay au nombre des maintenus par M. Voisin de la Noirays.

Louis JARRET, Ecuyer, S^r des Terres-Noires, demeurant paroisse de St-Just, de Verché, El. de Montreuil-Bellay, eut acte de la représentation de ses titres tant pour luy que pour son frère le dernier février 1668.

Charles Jarret[1], Ecuyer, Sr du Baril, demeurant p^{sse} de St-Martin du Limet, El. de Chateaugontier, eut acte de la représentation de ses titres le 18 septembre 1668.

Louis Jarret, Ecuyer, Sr de Roches, demeurant paroisse de Braye-sur-Maulne, El. de Baugé, eut acte de la représentation de ses titres le 19 septembre 1668.

Mathurin de JARZÉ, Ecuyer, Sr de Millé, les Loges, y demeurant paroisse de Chavagnes, El. d'Angers, eut acte de la représentation

---

[1] Les grosses originales des maintenues de Charles et de Louis Jarret ont dans les archives de cette famille.

de ses titres tant pour luy que pour *Gabrielle Maubert*, sa tante, le 12 mars 1668.

Renê de Jarzê, Sʳ de Varennes, demeurant paroisse de Martigné-Briand, El. de Saumur, au nombre des maintenus par M. Voisin.

Pierre LE JEUNE, Ecuyer, sʳ de la Furgonnière demeurant en sa maison du Plessis-greffier paroisse de Huillé El. de la Flèche.

Gilles Le Jeune, chevalier, Sʳ de Beaumont, son neveu, demeurant pˢˢᵉ de la Trinité d'Angers, eurent acte de la représentation de leurs titres, le 8 juin 1667.

Auguste JOUBERT, Ecuyer, Sʳ des Arsonnières, El. d'Angers, eut acte de la représentation de ses titres tant pour luy que pour *François Joubert*, Ecuyer, sʳ du Puy-Rocher, son frère, le 14 janvier 1668.

Jacques Joubert, Ecuyer, Sʳ de Montigné.

Charles, Jacques, Louis Joubert, ses enfans, demeurant paroisse de Montigné, El. de Montreuil-Bellay, au nombre des maintenus par M. Voisin de la Noirâys.

Gabriel JOUET, Ecuyer, Sʳ de la Saulaie, demeurant à Angers, eut acte de la représentation de ses titres le 19 mars 1669.

Nicolas JOUSSE, Ecuyer, Sʳ de Villeguiers, demeurant au Viel-Baugé, eut acte de la représentation de ses titres, tant pour luy que pour sa mère et ses sœurs, le 21 aoust 1667.

Michel JOUSSEAUME, Chevalier, Sʳ de la Grue, demeurant à Gonord, El. d'Angers, eut acte de la représentation de ses titres.

Renê Jousseaume, Ecuyer, Sʳ du Colombier et du Coudray, y demeurant, El. de Baugé, eut acte de la représentation de ses titres, tant pour luy que pour *Guy, Pierre et Andrê,* ses enfans, le 18 janvier 1669.

François de JUGLARD, chevalier, Sʳ de Forgeay et de Chanteloup dem. aud. Forgeays, paroisse de Chenu El. de Baugé, eut acte de la représentation de ses titres le 9 janvier 1670.

Jacques de JUIGNÉ, Ecuyer, Sʳ du Parvis, épousa *Françoise Cherbonnier*, Vᵉ dud. Juigné, demeurant paroisse de St-Saturnin du Limet, El. de Chateaugontier, eut acte de représentation de ses titres tant pour elle que pour *Claude de Juigné*, son beau-frère, le 3 mars 1669.

Toussaint LE JUMEAU, Ecuyer, Sʳ des Perrières, demeurant paroisse de Blou, El. de Saumur, eut acte de la représentation de ses titres tant pour luy que pour :

Michel Le Jumeau, Ecuyer, Sʳ de Salvert, son oncle, demeurant, paroisse de Neuillé, El. de Saumur, le 2 may 1667.

Adrien Le Jumeau, Ecuyer, Sʳ de Layman (?) demeurant paroisse de Sᵗ-Pierre de Chemillé, El. d'Angers, eut acte de la représentation de ses titres le 17 juin 1667.

L

Charles de LAMBERT, Ecuyer, Sʳ de la Frédonnière, demeurant paroisse de Juigné-sur-Sarthe, El. de la Flèche, eut acte de la représentation de ces titres tant pour luy que pour son père, le 20 septembre 1667.

Anne de Vaugirault, Vᵉ de *Lancelot de* LANCRAU, Ecuyer, Sʳ de Piard, demeurant pˢˢᵉ du Loroux-Béconnais, El. d'Angers, comme mère et tutrice de ses enfans, eut acte de la représentation de ses titres tant pour elle que pour ses enfans le 22 may 1667.

Eustache de la LANDE, Ecuyer, Sʳ de Sᵗ-Martin y demeurant,

Urbain de la Lande, Ecuyer, Sʳ dud. lieu, y demeurant en sa maison du Margat, El. de Chateaugontier, eurent acte de la représentation de leurs titres, le 21 may 1668.

René de LANGLÉE, Ecuyer, Sʳ de la Barre-Ménardière, demeurant en sa maison du Perray, paroisse du Viel-Baugé, El. dud. lieu, eut acte de la représentation de ses titres le 1ᵉʳ aoust 1667.

Pierre de LANTIVY, Ecuyer, demeurant à... El. de Chateaugontier, eut acte de la représentation de ses titres, le 1ᵉʳ aoust 1667.

Guy LASNIER, Ecuyer, Sʳ de Contigné, demeurant à Angers, paroisse de Sᵗ Denis, maintenu par arrêt du conseil du 2 décembre 1669.

Laurent Lasnier, Ecuyer, Sʳ de la Guerche, premier président au présidial d'Angers, eut acte de la représentation de ses titres, le 28 mars 1668 et par arrêt du 2 décembre 1669.

Hercule de LAUNAY, Sʳ de la Brosse-Maldemeure, demeurant pˢˢᵉ de Champigné, El. d'Angers, au nombre des maintenus par M. Voisin de la Noirays.

Pierre LAURENT, Ecuyer, s^r de Bourjoly, El. d'Angers.

Guillaume Laurent, Ecuyer, Sr de la Chauvannière, demeurant paroisse de St-Lambert de la Potterie, El d'Angers, eurent acte de la réprésentation de leurs titres le 4 juillet 1667.

Urbain DU LAURENT, Ecuyer, Sr du Joreau, demeurant paroisse de St-Vétérin de Gennes, El. de Saumur, eut acte de la représentation de ses titres le 20 mars 1669.

Gédéon LENFANT, Ecuyer, Sr de Boismoreau, demeurant paroisse de .... El. de la Flèche, eut acte de la réprésentation de ses titres le 29 mars 1667.

Jacques Lenfant, chevalier, Sr de la Patrière et Despeaux, demeurant paroisse de Durtal, El. de la Flèche, eut acte de la représentation de ses titres le 29 mars 1667.

Isaac Lenfant, Ecuyer, Sr du Bordage, demeurant paroisse de Barrassé, El. de la Flèche,

Henry Lenfant, Ecuyer Sr de la Gurrelière, dem^t p^{sse} de Barassé, eurent acte de la représentation de leurs titres le 29 mars 1667.

Louise Le Gouz, V^e de *Magdelon Lenfant*, Ecuyer, S^r des Essards, demeurant paroisse du Loroux-Béconnais, El. d'Angers, eut acte de la représentation de ses titres, tant pour elle que pour ses enfans, le 8 janvier 1669.

Jean DE LESCRIVAIN, Ecuyer, Sr du Boisnoblet et du Chesne, demeurant au Boisnoblet, p^{sse} de Loiré, El. de Saumur, eut acte de la représentation de ses titres le 14 may 1667.

René DE LESRAT, Ecuyer, S^r des Briottières, demeurant à Angers, eut acte de la représentation de ses titres le 9 avril 1668.

Charles DE LESTENON, Ecuyer, Sr de la Chaubuère, y demeurant paroisse de Gizeux, El. de Saumur, a produit ses titres le 28 janvier 1669.

René DE LEVISTON, Ecuyer, Sr de la Hulinière, demeurant paroisse de Niafle, El. de Châteaugontier, eut acte de la représentation de ses titres le 20 janvier 1669

Louis DE LIMELLE, Ecuyer, Sr de la Bouveraie, demeurant paroisse d'Ingrande, El. d'Angers, eut acte de la représentation de ses titres le 26 octobre 1667.

Ambroise DE LORÉ, Sr du Terrier, demeurant paroisse de St-Laurent-du-Lin, El. de Baugé, eut acte de la représentation de ses titres, le 5 octobre 1668.

Jean DE LA LOUAIRIE, Ecuyer, Sr de Grandbois, demeurant paroisse de Brain, El. d'Angers, a été renvoyé comme gentilhomme par ordonnance contradictoire du 28 may 1667.

Jean DE LOUBES, Chevalier, Sr de Lambroise, demeurant paroisse de St-Sulpice-sur-Loire, El. d'Angers eut acte de la représentation de ses titres le, 12 aoust 1667.

René LOUET, Ecuyer, Sr de la Porte, demeurant paroisse de Fermaise, El. de Baugé, eut acte de la représentation de ses titres, le 16 février 1669.

M

Claude MABILLE, Ecuyer, s^r de la Paumellière, demeurant au Bois Gilbert paroisse de Bessé, El. de Saumur, eut acte de la représentation de ses titres le 25 janvier 1667.

Philippe de MADAILLAN, Chevalier, s^r de Chauvigny, demeurant p^{sse} de.... El. d'Angers, eut acte de la représentation de ses titres le 8 octobre 1668.

Claude LE MAIGNAN, s^r du Marais, paroisse de Voide, El. de Montreuil-Bellay, au nombre des maintenus par M. Voisin de la Noirays.

Charlotte de la Barre, V^e d'*Hercule de* MAILLÉ, Chevalier Sr de la Guéritaude, demeurant paroisse de Sioute (?), El. de Baugé, eut acte de la représentation de ses titres le 28 septembre 1668.

René de Maillé, Chevalier, Sr Marquis de Besnehard, demeurant avec ses enfans au chateau de Besnehard paroisse de la Hagre El. de la Flèche, eut acte de la représentation de ses titres, tant pour luy que pour son frère le 5 janvier 1668.

Alexandre LE MAIRE, Ecuyer, Sr de la Rochejacquelin, demeurant avec son père en la paroisse de Domeray, El. de la Flèche, eut acte de la représentation de ses titres, tant pour luy que pour son père, le 25 mars 1667.

Pierre LE MAISTRE, Chevalier, Sr de Montmort, demeurant p^{sse} de Cuon, El. de Baugé, eut acte de la représentation de ses titres le 24 janvier 1668.

Claude MALINEAU, Ecuyer, Sr du Plessis-Malineau, demeurant p^{sse}

de Chanzeaux, El. d'Angers, eut acte de la représentation de ses titres le 5 octobre 1666.

François Malineau, Ecuyer, Sʳ de la Brissonnière, demeurant pᵐᵉ de Touarcé, El. d'Angers, eut acte de la représentation de ses titres le 29 avril 1667.

Urbin de MALIVERNÉ, Ecuyer, Sʳ de Vignolle, demeurant paroisse de Cisay, El. de Saumur, eut acte de la représentation de ses titres le 29 avril 1667.

Roland de MARCÉ, Ecuyer, Sʳ de la Rousselière, demeurant avec sa sœur, paroisse du Gué-Deniau, El. de Baugé, eut acte de la représentation de ses titres, tant pour luy que pour sa sœur, le 21 septembre 1669.

Pierre de la MARQUERAYE, Ecuyer, Sʳ de la Chaussée, assesseur en la maréchaussée d'Angers et

Georges de la Marqueraye, Ecuyer, Sʳ de Chanteloup et du Barzeau, son neveu, demeurant paroisse de Sᵗ-Jean-des-Mauvrets, El. d'Angers, ont eu acte de la représentation de leurs titres le 23 mars 1668.

Honoré de MARTIGNÉ, Ecuyer, Sʳ de Villenoble, demeurant en sa maison de Martigné, paroisse de Sᵗ-Denis en Anjou, El. de Chateaugontier, eut acte de la représentation de ses titres tant pour luy, que pour *Jacques* et *Martin*, ses enfants, le.....

Phillibert de MARTINEAU, Ecuyer, Sʳ dud. lieu, demeurant en sa maison de la Galonnière, paroisse de Joué, El. d'Angers, eut acte de la représentation de ses titres le 8 mars 1668.

Henri de MASSEILLE, Ecuyer, Sʳ de la Fontaine-Milon, demeurant paroisse de Sᵗ-Georges-du-Bois, El. de Baugé, eut acte de la représentation de ses titres, tant pour luy que pour ses frères, pour son père et ses oncles, le 26 aoust 1667.

Jacques MATHIEU, Ecuyer, Sʳ de Baulène et de Lestang, demeurant paroisse de Vislene au Bonnin, El. de Baugé, eut acte de la représentation de ses titres le dernier juillet 1670.

Jacques MAUDET, Ecuyer, Sʳ du Verger, maréchal général des logis du camp et armées du Roy et

Thomas Maudet, Ecuyer, son frère, demeurant paroisse de Vallet,

El. de la Flèche, au nombre des maintenus par M. Voisin de la Noirays.

René *Maudet,* Ecuyer, Sr de Bessac, demeurant paroisse de Neuillé, El. de Saumur, eut acte de la représentation de ses titres le 21 may 1669.

René de MAUGARS, Ecuyer, Sr de Sermaise et du ..... demeurant paroisse de St-Germain, près Daumeray, El. de la Flèche, maintenu par arrêt du 11 juin 1667.

Jacques de MAUMESCHIN, Chevalier, Sr du Lac, demeurant en sa maison des Perrières, paroisse du Lac, El. d'Angers, eut acte de la représentation de ses titres le 2 septembre 1668.

Jacques de MAYNIÈRE, Ecuyer, Sr du Plessis-Bérard, demeurant p^sse de Tillières, El. d'Angers, eut acte de la représentation de ses titres, tant pour luy que pour son frère, le 19 mars 1667.

René de MEAULNE, Ecuyer, Sr de Pommaillau, demeurant p^sse de la Vallière El de Baugé, eut acte de la représentation de ses titres le 18 décembre 1668.

Gabriel de MEAULNE, Ecuyer Sr de la Mestairie, demeurant au lieu d'Hunon, paroisse de Noyan, El. de..., eut acte de la représentation de ses titres le 23 septembre 1666.

Charles de MELLAY, S^r de Ste-Vierge paroisse du Puy-Notre-Dame, El. de Montreuil-Bellay, au nombre des maintenus par M. Voisin de la Noirays.

Pierre MÉNAGE, Sr de Lancrie, avocat du Roy en la Cour d'Angers, eut acte de la représentation de ses titres le 27 mars 1668.

Louis du MESNIL, Ecuyer, Sr de la Beausseraye, demeurant en la ville du Lude, El. de Baugé, eut acte de la représentation de ses titres le 21 juin 1667.

Etienne du MESNIL, Ecuyer, S^r des Brosses d'Aussigné, avocat du Roy au présidial d'Angers et petit-fils d'un échevin de laditte ville, au nombre des maintenus par M. Voisin.

Jean MIDORGE, Ecuyer, receveur des tailles de l'élection d'Angers, demeurant à Angers, eut acte de la représentation de ses titres le 4 juillet 1667.

René Minault, Ecuyer, S* de la Maison-Neuve, demeurant paroisse de S*-Aignan, El. de Châteaugontier, eut acte de la représentation de ses titres, tant pour lui que pour ses enfans et *René* et autre *René*, ses cousins, le 12 septembre 1668.

François de Mondières, Ecuyer, S* de Chastillon, demeurant paroisse de Livré, El. de Chateaugontier eut acte de la représentation de ses titres le 21 1669.

René de Montplacé, Ecuyer, S* dud. lieu et la Motte-Lizard, y demeurant paroisse N.-D. du Pré, El. de la Flèche, eut acte de la représentation de ses titres le 29 janvier 1667.

François de Montplacé, Ecuyer, S* dud. lieu demeurant paroisse du Bourg, El. d'Angers, eut acte de la représentation de ses titres le 29 mars 1668.

Guillaume Moreau, Ecuyer, S* de la Morinière, El. de Saumur, demeurant ordinairement à Paris, paroisse S*-Roch, eut acte de la représentation de ses titres tant pour lui que pour son frère le 16 may 1668.

Antoine Morel, Chevalier, comte d'Aubigny et de Neuf-Villette, demeurant p** de Villelune, El. de la Flèche, au nombre des maintenus par M. Voisin.

Jacques Morisson, Ecuyer, S* de la Fay, demeurant paroisse de S*-Germain près Montfaucon, El. d'Angers, eut acte de la représentation de ses titres le 6 septembre 1666.

René du Mortier, Ecuyer, S* de Thuré, demeurant paroisse de Bruslon, El. de La Flèche, au nombre des maintenus par M. Voisin de la Noirays.

Honoré du Mortier, Ecuyer S* du Pin, demeurant paroisse de Juvardeil El. d'Angers, eut acte de la représentation de ses titres le 23 avril 1667.

Jean de Mortault, Ecuyer, S* de la Bajottière et de la Laurière, demeurant paroisse de Restigné, El. de Saumur, eut acte de la représentation de ses titres le 20 décembre 1666.

François de la Motte, Ecuyer, S* de la Motte-Barassé, demeurant p** de Senones, El. d'Angers, eut acte de la représentation de ses titres le 6 juillet 1667.

Abraham de la Motte, Ecuyer, Sʳ de la Brahannière, y demeurant, pᵉˢˢᵉ de Parcay, El. de Baugé, eut acte de la représentation de ses titres, tant pour luy que pour *René de la Motte,* son fils, le 19 septembre 1668.

René du MOUSTIER, Ecuyer, Sʳ de la Fontaine, demeurant, en sa maison de la Saulaye, paroisse de Brullon, El. de la Flèche, eut acte de la représentation de ses titres le 9 octobre 1666.

François MULLET, Ecuyer, Sʳ de la Girousière, demeurant paroisse de Bouzillé, El. d'Angers, eut acte de la représentation de ses titres le 20 may 1667.

René du MUR, Ecuyer, Sʳ de Blandouet, demeurant paroisse de Vern, El. d'Angers, eut acte de la représentation de ses titres pour luy et pour *Claude et Louis du Mur,* Ecuyers, étant tous les deux au service du Roy le 16 septembre 1670.

N

Renè NEAU, Ecuyer, Sr de Cordais, demeurant en sa maison de la Hardaudière, paroisse de Longué, El. d'Angers, eut acte de la représentation de ses titres le 16 août 1667.

Louise de Meaulne, V° *de Pierre Neau*, Ecuyer, Sr de la Goupillère, demeurant paroisse de Milon, El. de Baugé, eut acte de la représentation de ses titres, tant pour luy que pour son frère, le 6 aoust 1667.

Thomas NEPVEU, Ecuyer, Sr de Pouancé, demeurant paroisse d'Antoigné, El. de Montreuil-Bellay, eut acte de la représentation de ses titres le 5 avril 1667.

Françoise Elizabeth LE NOIR, demeurant paroisse de la Séguinière, El. de Montreuil-Bellay au nombre des maintenus par M. Voisin de la Noirays.

O

Pierre *d'*ODESPUNG, Ecuyer, Sr de la Méchinière, épousa *Marie Vollage*, V^e dud. Sr Pierre, demeurant à... El. d'Angers, eut acte de la représentation de ses titres le 1er février 1669.

René *d'*ORVAUX, Ecuyer, Sr de la Bennerie, demeurant paroisse de Grezneufville, El. d'Angers, eut acte de la représentation de ses titres, tant pour luy que pour ses frères, le 5 juin 1667.

P

Samuel PANTIN, Ecuyer, Sr de la Hamelinière, demeurant p^{sse} de Chantoceau, El. d'Angers, eut acte de la représentation de ses titres le 18 may 1669.

René de PAUVERT, Ecuyer, Sr du Poilviré (?), demeurant paroisse dud. lieu, El. de Chateáugontier eut acte de la représentation de ses titres, tant pour luy que pour son frère et ses cousins le 22 aoust 1669.

René PELAUD, Ecuyer, Sr du Colombier, demeurant en sa maison du Porquier, paroisse de St-Nicolas de Bourgueil, El. de Saumur, eut acte de la représentation de ses titres le 19 mars 1668.

René de PERRIERS, Ecuyer, Sr de la Graffinière, demeurant en son château de la Flèche, paroisse de St-Georges-du-Bois, El. de Baugé eut acte de la représentation de ses titres le 13 janvier 1669.

Pierre PETIT, Ecuyer, Sr de Piedfélon, demeurant p^{sse} de Martigné-Briand, El. de Saumur, eut acte de la représentation de ses titres, tant pour lui que pour ses fils, pour la Ve *Raoul* de son fils aisné, le 27 avril 1667.

Préjent LE PETIT, Ecuyer, Sr de la Pommeraie, demeurant p^{sse} de Tiercé, El. d'Angers, eut acte de la représentation de ses titres les 18 et 19 avril 1667.

Antoine PETIT-JEAN, Ecuyer, S^r des Hommeaux, demeurant p^{sse} de Linière Bouton, El. de Baugé, eut acte de la représentation de ses titres le 19 juin 1667.

Antoine-Joachim Petit-Jean, Ecuyer, Sr de Linière, demeurant p^{sse} de Meigné-le-Vicomte, El. de Baugé, eut acte de la représentation de ses titres le 8 octobre 1668.

Amaury PIDALLET (?), Ecuyer, Sr du Boisclosier et des Vaux, demeurant p^sse de Noyant–sur–Sarthe, El. de la Flèche, au nombre des maintenus par M. Voisin.

René PIERRE, Ecuyer, Sr de Chazé, demeurant à Angers, eut acte de la représentation de ses titres le 20 avril 1667.

Daniel de PILLOINS ou PILLOIS, Ecuyer, Sr de Montigny, et de Basantel, dem^t paroisse dud. lieu, El. de la Flèche, eut acte de la représentation de ses titres tant pour luy que pour son père le...

Renée de Portebize, Ve *de René de Pillois*, Ecuyer, Sr de la Coquemillière, dem^t paroisse de Craon, El. de Chateaugontier, eut acte de la représentation de ses titres, tant pour elle que pour *Gédéon Pillois*, son fils dud. défunt, le 15 décembre 1669.

René PILLOT, Ecuyer, Sr de la Gimonnière, demeurant p^sse de Longiron, El. de Montreuil-Bellay, au nombre des maintenus par M. Voisin de la Noiray.

Christophe du PINEAU, Ecuyer, Sr de Montergon, demeurant à Angers, eut acte de la représentation de ses titres le 17 aoust 1768.

René de la PLANCHE, Ecuyer, demeurant p^sse de Ruillé, El. de Chateaugontier, eut acte de la représentation de ses titres le 20 avril 1668.

Urbain Charles du PLESSIS, Chevalier des ordres du Roy, Sr Marquis de Jarzé, demeurant en son château, p^sse de Jarzé, El. de Baugé, eut acte de la représentation de ses titres le 10 octobre 1668.

Pierre POISSON, Sr de Gastines, sécrétaire du Roy, demeurant à Angers, au nombre des maintenus par M. Voisin de la Noirays.

Gaspart LE POITEVIN, Ecuyer, S^r des Portes, receveur secrétaire en sa maison de ville d'Angers, y dem^t, eut acte de la représentation de ses titres le 27 septembre 1668.

René de la POIZE, Ecuyer, Sr de la Colaisière, dem^t paroisse de St-Sauveur, El. d'Angers, eut acte de la représentation de ses titres le 21 may 1767.

Antoine du PONT, Ecuyer, Sr de la Chiquetière et de la Perroussaye, paroisse de Loiré, demeurant paroisse de Montigny, El. de Baugé, eut acte de la représentation de ses titres, tant pour luy que pour son frère le 25 avril 1667.

Claude du Pont, Ecuyer, Sr du Ruau, demeurant à Angers, eut acte de la représentation de ses titres le 24 avril 1668.

César de PONTOISE, Sr de Gommer, demeurant paroisse de Chery, El. de la Flèche, au nombre des maintenus par M. Voisin.

Jacques PORCHERON, Ecuyer, S^r d'Aussigné, près Loudun, demeurant p^{sse} de Loiré, El. d'Angers, eut acte de la représentation de ses titres tant pour luy que pour *Philbert* et *Pierre*, ses frères, le 9 mai 16...

Charles POULLAIN, Sr de la Godinière, secrétaire du Roy, demeurant à Angers au nombre des mainntenus par M. Voisin.

Jacques POYET, Ecuyer, Sr du Cérisier, y demeurant paroisse de Bouillé, El. d'Angers, eut acte de la représentation de ses titres, tant pour luy que pour *Toussaint Poyet*, son frère, le 19 aoust 1667.

Philippe du PRÉ, Ecuyer, Sr de la Carte, demeurant paroisse de St-Laurent-du-Lin, El. de Baugé, eut acte de la représentation de ses titres le 12 décembre 1666.

Charles PRÉVOST, Ecuyer, Sr de Bonnezeaux, demeurant paroisse de Touarcé, El. d'Angers, eut acte de la représentation de ses titres le 11 avril 1667.

Gabriel PREZEAU, Ecuyer, Sr de la Guiltière, demeurant paroisse de St-Sauveur, El. d'Angers, eut acte de la représentation de ses titres le 18 may 1667.

Raoul de PRINCÉ OU PINCÉ, Ecuyer, ci-devant lieutenant de la Sénéchaussée de Baugé, y demeurant, eut acte de la représentation de ses titres le 27 septembre 1668.

Antoine PROVOST, Ecuyer, Sr de la Rigaudière, épousa *Charlotte de Prud'homme*, v^{ve} dudit Antoine, demeurant paroisse de Vernoil-le-Fourier, El. de Baugé, eut acte de la représentation de ses titres tant pour elle que pour *Victor*, son fils et pour ses filles, le 25 septembre 1668.

Yves-Antoine du PUY, Ecuyer, Sr de Froidefond, demeurant paroisse de la Trinité d'Angers, eut acte de la représentation de ses titres, tant pour luy que pour son père, le 27 décembre 1667.

Q

Élie de QUATREBARBES, Ecuyer, sʳ de la Roussardière, épousa *Marie de Leair*, veuve dudit Elie demeurant en sa maison là Roussardière, paroisse de Quelaines, El. de Châteaugontier, eut acte de la représentation de ses titres, tant pour luy que pour *René* et *Lancelot de Quatrebarbes*, cousins au 3 et 4ᵉ degré, le 14 septembre 1668.

R

Henry de RABESTAN, Ecuyer, Sʳ de Sourches, demeurant paroisse de Précigné, El. de la Flèche, eut acte de la représentation de ses titres le 27 mars 1667.

Michel de RACAPÉ, Chevallier, Sʳ de Menil et de Brée, y demeurant paroisse de Menil, El. de Châteaugontier eut acte de la représentation de ses titres, tant pour luy que pour son père et frères le 9 juillet 1668.

Samuel RADULPHE, Ecuyer, Sʳ de Fontenelle, demeurant paroisse de Mazières, pays d'Anjou, évêché de la Rochelle, eut acte de la représentation de ses titres, le 11 août 1670.

Antoine de RANCHER, Chevallier, Sʳ de Verneuil, demeurant paroisse de Fay-sous-Courcillon, El. de la Flèche, eut acte de la représentation de ses titres, tant pour luy que pour ses frères, le 21 juin 1667.

Urbanne Guilloteau, veuve de *René du* RASTEAU, Ecuyer, Sr de la Gémeraye, demeurant paroisse d'Aviré, El. de Châteaugontier, comme mère et tutrice de ses enfants, eut acte de la représentation de ses titres le 17 avril 1667.

François RAVEALLARD (?), Sr de la Bréche, Alexandre son frère, demeurant à Châteaugontier, au nombre des maintenus par M. Voisin de la Noirays.

Gilles de la RAYNAIE, Ecuyer, S^r des Croix,

François de la Raynaie, Ecuyer, Sr de Beauvais, demeurant paroisse de N. D. de Durtal, El. de la Flèche, eut acte de la représentation de ses titres le 25 janvier 1668.

Pierre REGNIER, Sr de Courtjaret, demeurant paroisse du Puy-Notre-Dame, El. de Montreuil-Bellay, au nombre des maintenus par M. Voisin de la Noirays.

François RENARD, S^r des Roches et de la Baudelis, demeurant paroisse de St-James de Brion, El. de Baugé, eut acte de la représentation de ses titres le 21 may 1667.

François LE RESTRE, Escuyer, s^r de Laubinière, demeurant paroisse de Ste-James, près Segré, El. d'Angers, eut acte de la représentation de ses titres le 21 mai 1667.

Philippe REVERDY, Ecuyer, Sr du Petit-Marcé, demeurant paroisse de Chalain, El. d'Angers, eut acte de la représentation de ses titres le 22 avril 1667.

Louis RIBIER, Ecuyer, Sr de Bousay, demeurant paroisse de Meigné, El. de Baugé, eut acte de la représentation de ses titres le 6 octobre 1668.

Guy RICHARD, Sr de Segré, échevin de la ville d'Angers, y demeurant au nombre des maintenus, par M. Voisin de la Noirays.

Rolland RICHER, Ecuyer, baron du Breil, demeurant à la Flèche, paroisse de Saint-Thomas, eut acte de la représentation de ses titres, le 20 août 1667.

Jacques RIDOUET, Ecuyer, Sr de Burons et de Jancé, y demeurant paroisse de Saint-Martin de Sancé, El. de Baugé, eut acte de la représentation de ses titres, le 21 septembre 1668.

Renée Cambon, veuve de *François de la* ROCHE, Ecuyer, S^r des Boishérault, demeurant paroisse de Baugé, El. dudit lieu, eut acte de la représentation de ses titres, le 11 juin 1669.

Judith de la Roche, demeurant paroisse de.... El. de Baugé, eut acte de la représentation de ses titres, le 27 décembre 1669.

Charles de la ROË, Ecuyer, Sr du Vau et du Moulin, demeurant paroisse de Chémiré, El. de Baugé, eut acte de la représentation de ses titres, le 27 décembre 1669.

François des ROMANS, Ecuyer, Sr du Grée et de la Chouasnière, demeurant aux Noyers. paroisse de Martigné-Briand, El. d'Angers, eut acte de la représentation de ses titres, le 17 may 1667.

Pierre de ROUGÉ, Ecuyer, S^r des Rues, demeurant paroisse de.... El. d'Angers, eut acte de la représentation de ses titres, tant pour luy que pour son frère. le 21 may 1667.

Charles de Rougé, Ecuyer, Sr de Courtivon, demeurant paroisse de Noyant-sur-le-Loir, El. de la Flèche, eut acte de la représentation de ses titres, le 17 juin 1667.

Gilles de Rougé, Ecuyer, Sr de la Perdrillère, demeurant paroisse de Neuillé, El. de Saumur, eut acte de la représentation de ses titres, le 27 janvier 1669.

François de la ROUSSARDIÈRE, Ecuyer, Sr du Rouillon, demeurant paroisse de Villevèque, El. d'Angers, eut acte de la représentation de ses titres, le 30 juillet 1667.

René ROUSSEAU, Ecuyer, Sr du Chardonnay, demeurant paroisse de Chalain. El. d'Angers, eut acte de la représentation de ses titres, le 7 may 1667.

François Rousseau, Ecuyer, Sr de la Richaudaye, demeurant paroisse de Chalain, El. d'Angers, eut acte de la représentation de ses titres, tant pour luy que pour *François,* son cousin. le 7 may 1667.

Jean Rousseau, Sr de la Boucherie, demeurant paroisse de Maulévrier, El. de Montreuil-Bellay, au nombre des maintenus par M. Voisin.

Guillaume ROUSSEAU, conseiller du Roy, contrôleur au grenier à sel d'Angers, Echevin de la ville, au nombre des maintenus par M. Voisin.

Charles LE ROUX, Ecuyer, Sr de Ruchesnes, demeurant paroisse de Vernantes, El. de Baugé, eut acte de la représentation de ses titres le 27 septembre 1667.

Louis LE ROUX, Chevalier et Sr de la Roche des Aubiers et de la... demeurant en son château de Noizé paroisse de Soulaire, El. d'Angers, eut acte de la représentation de ses titres, tant pour luy que pour *Jean* et *Philippe* ses frères, le 4 juin 1667.

Guillaume LE ROY, Ecuyer, Sr de la Roche-Véroullière, demeurant à Saint-Denis d'Anjou, El. de Châteaugontier eut acte de la représentation de ses titres, le 7 juin 1667.

Claude de ROYE, Ecuyer, Sr de la Brunetière, demeurant à Angers, fut reçu chevalier en 1659, eut acte de la représentation de ses titres, à la charge de payer la taxe pour être confirmé dans sa noblesse, le 27 avril 1668.

Louis LE ROYER, Sr de la Roche d'Artezay, El. de la Flèche, demeurant ordinairement à Paris, au nombre des maintenus par M. Voisin comme étant secrétaire du Roy.

François de BUSSON, Ecuyer, Sr de la Grée, y demeurant paroisse de Montreuil-sur-Mayenne, El. d'Angers eut acte de la représentation de ses titres le 24 janvier 1668.

S

Jean de SAINT-BLIN, Ecuyer, Sr du Ponceau, El. d'Angers, eut acte de la représentation de ses titres le 21 juin 1667.

Joachim de SAINT-ELAN et *Louise de Saint-Elan*, sa sœur, enfants de Joachim de Saint-Elan, vivant commandant dans le château de Saumur, maintenus par M. Voisin de la Noirays par arrêt du conseil le 12 janvier 1668.

Olivier de SAINT-GERMAIN, Ecuyer, Sr des Coutures et du Plessis demeurant en sa maison des Coutures, paroisse de Vivy, El. de Saumur, eut acte de la représentation de ses titres le 28 juillet 1667.

Claude de SAINT-JOUIN, Ecuyer, Sr de Vauléard, demeurant paroisse de Saint-Denis, El. d'Angers, eut acte de la représentation de ses titres le 14 may 1667.

Philippe de SAINT-OFFANGE, Chevallier, Sr de la Poëze, demeurant paroisse du Pin-en-Mauges, El. d'Angers,

Artur-Charles de Saint-Offange, Ecuyer, Sr des Chastelliers, demeurant paroisse de Grézillé,

François de Saint-Offange, Ecuyer, Sr de la Jaille, enfans dudit Philippe, demeurant paroisse de Saint-Maur, El. de Saumur, eurent acte de la représentation de leurs titres le dernier juillet 1667.

Gallois de SAINT-OUEN, Ecuyer, Sr de la Maillarzerie, demeurant paroisse de Moranne, El. de la Flèche, eut acte de la représentation de ses titres, le 3 septembre 1666.

Jean SAPINAULT, Sr de la Renouillère, demeurant paroisse de la Séguinnière.

Honoré Sapinault, Sr d'Aubert.

Charles Sapinault, Sʳ de la Louassière, demeurant paroisse de Chambrogne, El. de Montreuil-Bellay, au nombre des maintenus par M. Voisin.

Charles SARAZIN, Ecuyer, Sʳ de Vezins, demeurant paroisse de Mayet, El. de La Flèche, eut acte de la représentation de ses titres le 29 mars 1667.

Paul de la SAUGÈRE, Ecuyer, Sʳ de la Roussardière, demeurant paroisse de Saint-Martin-du-Limet, El. de Châteaugontier, eut acte de la représentation de ses titres le 3 aoust 1667, tant pour luy que pour la veuve de *Charles*, son frère, et pour *Alexandre*, son cousin.

Nicolas SAVARY, gentilhomme servant la Reine, demeurant à Saumur, renvoyé comme étant couché sur l'Etat par jugement du...

Martin de SAVONNIÈRES, Chevalier, Sʳ de la Bretesche, demeurant paroisse de Chantoceaux, El. d'Angers, eut acte de la représentation de ses titres le 18 may 1667.

Nicolas de Savonnières, Ecuyer, Sʳ de Bruslon, demeurant paroisse de Bouère, El. de Baugé, eut acte de la représentation de ses titres, tant pour luy que pour sa mère, le 20 may 1669.

Anne-François de SEILLONS, Ecuyer, Sʳ de la Barre de Grugé, demeurant audit lieu, El. d'Angers, eut acte de la représentation de ses titres le 8 juin 1667.

Jacques de SÉRAZIN, Ecuyer, Sʳ de la Saulaye, sénéchal de Chalonnes, y demeurant paroisse de Saint-Maurille.

Gabriel de Sérazin, Ecuyer, Sʳ de la Bouillerie, demeurant paroisse de Bescon, El. d'Angers, eurent acte de la représentation de leurs titres le 5 novembre 1668.

Hilaire SERIN, Ecuyer, Sʳ de la Motte, demeurant en sa maison des Noyers, paroisse de Loiré, El. d'Angers eut acte de la représentation de ses titres, tant pour luy que pour son père, le 16 avril 1668.

René de SERPILLON, Ecuyer, Sʳ de la Brosse-Boissette, demeurant paroisse de Sᵗ-Hilaire d'Echaubroigne, El. de Montreuil-Bellay, au nombre des maintenus par M. Voisin.

Charles SIBILLE, Ecuyer, Sʳ de la Buronnière, demeurant paroisse de Juvardeil, El. de Chateaugontier, eut acte de la représentation de ses titres le 18 avril 1667.

Honorat SIGONNEAU, Ecuyer, Sr de la Perdrillère y demeurant paroisse de Fougère, El. de Baugé produisit ses titres et renvoyé au Conseil avec avis de le maintenir le 5 février 1667. Arrêt du conseil du 5 décembre 1667 qui maintient en sa noblesse ledit Honnorat Sigonneau.

François de SOUSSAY, Ecuyer, Sr de la Guichardière, demeurant paroisse de St-Hilaire d'Echaubroigne, El. de Montreuil-Bellay, au nombre des maintenus par M. Voisin.

T

Philippe de TAUTOU (?), Ecuyer, Sr de la Gougeonnière, demeurant paroisse de Blou, El. de Baugé, eut acte de la représentation de ses titres le 20 septembre 1668.

René du TERTRE, Ecuyer, S^r dudit lieu et de Mée, El. de Château-gontier, eut acte de la représentation de ses titres le 21 août 1668.

Pierre TESTU, Ecuyer, Sr de Pierre Basse demeurant à la Gallaisière paroisse de Lué, El. de Baugé eut acte de la représentation de ses titres tant pour luy que pour *Alexandre* son frère le 4 septembre 1668.

Charles THIERRY, Ecuyer, Sr de Launay Baulieu, demeurant paroisse de Fontaine-Guérin, El. d'Angers eut acte de la représentation de ses titres, tant pour luy que pour son frère et la veuve *d'Urbain*, son frère, et pour ses sœurs, le 8 mars 1668.

Claude de THYESLIN, Ecuyer, Sr de Montfrou, demeurant paroisse d'Auvers-le-Hamon, El. de la Flèche, eut acte de la représentation de ses titres, tant pour luy que pour son cousin, le 21 novembre 1666.

Louise et *Marie-Anne de* TORCHARD, filles, demeurant paroisse dudit Auvers-le-Hamon, El. de la Flèche, au nombre des maintenus par M. Voisin.

René de TOURNETON, Ecuyer, Sr de la Voye, demeurant paroisse de Mazé, El. de Baugé, eut acte de la représentation de ses titres, tant pour luy que pour son père le 22 septembre 1667.

René de TOURRIÉ (?), Ecuyer, S^r dudit lieu, demeurant paroisse de Chambroigne, El. de Montreuil-Bellay, produisit ses titres et ren-voyé au Conseil avec avis de le décharger des poursuittes du

traitant, sans dépens, et de le maintenir dans sa noblesse le
20 avril 1667.

Charles de TREMBLIER, conseiller honnoraire au présidial d'Angers,
y demeurant, fut reçu Echevin en 1662, au nombre des maintenus
par M. Voisin, le 14 juin 1668 et chargé de payer la taxe.

Claude de la TRIBOUILLE, Ecuyer, Sr de Beauchesne, demeurant
paroisse de Saint-Crespin, El. d'Angers, eut acte de la représentation de ses titres, tant pour luy que pour sa mère et *Anthoine*, son
oncle, le 17 juin 1667.

- V

Henri Le Vacher, Ecuyer, Sr de la Chaise, demeurant paroisse d Saint-Germain d'Alancé, El. de Baugé, eut acte de la représentation de ses titres, le 21 septembre 1666.

René Vallet, Ecuyer, Sr de la Brosse, demeurant paroisse de Saint-Laurent de Gée (?), El. de Baugé, eut acte de la représentation de ses titres, le 2 may 1667.

François de Vallu, Ecuyer, Sr de la Rouzelaye, demeurant paroisse du Genetëil, El. de Baugé, eut acte de la représentation de ses titres le 4 octobre 1668.

Gaspard Varice, Ecuyer, Sr de Juigné, demeurant à Angers, eut acte de la représentation de ses titres le 28 may 1667.

Georges de Vaugirault, Ecuyer, Sr de Guérinière, épousa *Charlotte de Channé*, veuve dudit *Georges*, demeurant paroisse de Saint-Florent-le-Viel, El. d'Angers, eut acte de la représentation de ses titres le 22 février 1668.

Jacques de Vaugirault, Ecuyer, Sr de Rochebonne, demeurant au Gué-Aussant, paroisse de la Poitevinière en les Mauges, El. d'Angers.

Hillaire de Baussocielle, veuve de *René de Vaugirault*, comme mère et tutrice d'elle et dudit deffunt René, demeurant en sa maison de la Richardière, eurent acte de la représentation de leurs titres le 16 février 1667.

Louis de Vaujoyeux, Ecuyer, Sr de la Planche, demeurant en sa maison de la Grande-Fraise, paroisse de Saint-Sauveur de Landemont, El. d'Angers, eut acte de la représentation de ses titres le 21 may 1667.

René de VAURONNIÈRE, Ecuyer, Sr de la Pernaneraye demeurant paroisse de Dissay-sous-Courcillon, El. de La Flèche, eut acte de la représentation de ses titres tant pour luy que pour son fils, le 18 may 1667.

Simon de VAUX, Ecuyer, Sr de la Blandolière, y demeurant par vill e de Juigné, El. d'Angers, eut acte de la représentation de ses tit res le 7 avril 1668.

René VEILLON, Ecuyer, Sr de la Basse-Rivière, y demeurant paroisse d e Sainte-Jamme, El. d'Angers, eut acte de la représentation de ses titres le 16 avril 1668.

Elizabeth Maran, veuve de *Claude de* VERT, Ecuyer, S^r des Padures et de Fontenelle demeurant en sa maison noble du Chapeau, paroisse de Saint-Eusèbe de Gennes, El. de Saumur, eut acte de l a représentation de ses titres, tant pour luy que pour ses enfants et pour elle le 11 may 1667.

Jean VERDIER, conseiller au présidial d'Angers, y demeurant, échev in de ladite ville en 1648, au nombre des maintenus par M. Voisin de la Noirays.

Louis-Augustin de VILLENEUVE, Sr de la Renaudière, demeurant paroisse d'Echambroigne, *François de Villeneuve*, Sr de Cazeau, son père, demeurant paroisse du May, El. de Montreuil-Bellay, au nombre des maintenus par M. Voisin de la Noirays.

Gabriel de VILLIERS, Ecuyer, Sr de Fourmillay, demeurant paroisse de Challain, El. d'Angers, eut acte de la représentation de ses titres, tant pour luy que pour son frère, le 14 janvier 1668.

Gabrielle Petit, veuve de *François de Villiers*, chevalier, Sr de Lauberdière ayant la garde noble de ses enfants, le 29 janvier 1669.

Rôle des taxes que le Roy étant en son conseil d'Etat des finances a ordonné être payées par les maires et échevins de l'hôtel-de-ville d'Angers et les descendants de ceux qui ont exercé lesdites charges depuis l'année 1600. En conséquence de l'édit du mois de mars 1667, régistré où besoin a esté, et des arrêts dudit conseil donnés en exécution d'icelluy, pour être maintenus en leur noblesse sans être obligés de prendre des lettres de confirmation dont ils seront dispensés. Lesquelles taxes seroient payées sur les dénommés au présent rôle sur la quittance du Sʳ Jehannot Berthelot, garde du résor royal, en deux payements de deux mois en deux mois, à peine d'être déchus, ledit temps passé, du privilège de noblesse, sur ledit édit et arrêt de cejourd'huy et autres précédents.

Premièrement :

Mᵉ *Pierre* Audouin, Sʳ de la Blanchardière, conseiller au présidial, qui a été échevin en 1649, pour jouir de la conservation de sa noblesse, suivant ledit édit du mois de mars 1667 et arrêt du conseil, payera la somme de....

Mᵉ *Jacques Audouin*, Sʳ de Lorme, cy-devant conseiller et assesseur en la prévosté d'Angers et qui a été échevin en 1649, pour jouir comme dessus, la somme de....

Les enfants de *François Audouin*, Sʳ des Chastelliers, qui fut échevin en 1646, pour jouir comme dessus, la somme de....

Mᵉ *René* Aveline, cy-devant trésorier de France à Tours, demeurant à Paris, fils puisné de *René Aveline*, Sʳ de la Garenne, qui a exercé la charge d'échevin en 1624, pour jouir....

N. Aveline, trésorier de France à Tours et *N. Aveline*, Sʳ de Blou, fils dudit *Aveline* cy-devant, trésorier de France audit Tours, demeurant audit Tours, pour....

Laurent Aveline, Sʳ de Narcé, qui fut échevin en 1639 et *N. Aveline*, son fils, conseiller au présidial d'Angers, pour.....

Mᵉ *Abel* Avril, Sʳ de Louzil, conseiller au présidial, échevin en 1666, pour jouir.....

Mᵉ *Jacques* Belot, Sʳ de Marthou, qui a été échevin en 1656 et Jacques Belot, son fils, pour jouir....

Mᵉ *N.* Bernard et *N. Bernard*, fils de Mᵉ *Gabriel Bernard*, Sʳ de la Hussaudière, avocat au Parlement de Bretagne, qui fut échevin en 1638, demeurant à Vannes, payeront pour jouir comme dessus, la somme de....

Mᵉ *N. Bernard*, demeurant en la paroisse de Montejan, El. d'Angers, fils dudit Bernard de la Hussaudière, pour....

Mᵉ *René* Berthelot, qui a été échevin en 1664, pour....

Gabriel BLOUIN, Sʳ de la Vionnière, qui fut échevin en 1650, pour....

Mᵉ Renè Blouin, Sʳ des Coteaux, conseiller du Roy, intendant et commissaire général de la marine, qui a été échevin en 1662, pour....

René BLUINEAU, Sʳ de la Lande, demeurant à Saumur, fils de *René Bluineau*, vivant conseiller au présidial d'Angers et qui fut échevin en 1633, pour....

Jean et Anthoine BOURCEAU, fils de *N. Bourceau*, Sʳ de la Daumerie, vivant conseiller à la prévosté d'Angers et qui fut eschevin en 1654 pour ....

François BOYLESVE, Sʳ de Goismard, conseiller audit présidial, fils de Mᵉ *René Boylesve*, aussi Sʳ de Goismard et conseiller audit présidial qui exerça la charge de maire en 1628 comme un des anciens échevins pour.....

Mᵉ *Pierre* BRECHIER, conseiller au présidial d'Angers qui a été échevin en 1654, pour .....

Mᵉ *Gilles* LE CAMUS qui a été échevin en 1525 pour....
N. *Le Camus*, fils dudit *Gilles* pour .....

Mᵉ *N.* CERCAULT, Sʳ de la Dusserie, demeurant à St-Germain-des-Prés, El. d'Angers, fils de Mᵉ *Philippe Cercault*, vivant avocat au présidial d'Angers et qui a été échevin en 1642, paiera pour jouir comme dessus la somme de .....

Jean CHANTELOU, Sʳ de Pontebize, qui fut échevin en 1660 pour .....

Mᵉ *Joachim de* CHÉNÉDÉ, Sʳ de la Plaine, conseiller au présidial d'Angers, qui fut maire en 1660, pour .....

Louis CHÉREAU, fils de *Louis Chereau*, qui fut aussi échevin en 1613 pour .....

N. CHESNAYE et *N.* CHESNAYE, frères, fils de *Maurice Chesnaye*, qui fut échevin en 1610 pour .....

Mᵉ *Pierre* CHÉVRIER, Sʳ de Noyers, receveur des consignations du présidial d'Angers et qui a été échevin en 1651, pour .....

Mᵉ *N.* CHOTARD, avocat au présidial d'Angers, fils de *Jean Chotard*, Sʳ du Pin, qui fut échevin en 1604 pour .....

Jean Chotard, Sʳ de la Hardière, qui fut échevin en 1661, pour .....

N. et N. COLLAS et *N. Collas*, fils de M⁰ *Claude Collas*, Sʳ de la Cointerie, vivant conseiller à la prévosté d'Angers et Echevin en 1660 pour .....

Hiérosme COSSÉ, Sʳ des Grois qui fut échevin en 1660 pour .....

Claude COURVY, Sʳ de Monac, exempt des gardes du corps du Roy qui a été maire de la ville en 1657 pour .....

M⁰ *Jacques* DAVY, Sʳ de Chiroz, avocat au présidial d'Angers et échevin en 1652 pour .....

Nicolas CUPIF, Sʳ de Treildray, conseiller au présidial d'Angers et assesseur en la maréchaussée, petit-fils de M⁰ *Nicolas Cupif*, Sʳ des Hommeaux, vivant président en l'élection d'Angers et échevin en 1614 pour .....

M⁰ *Simon Cupif*, avocat, fils de M⁰ *François Cupif* pour.....

M⁰ *Jean* ESLIE, Sʳ des Roches, conseiller au siège de la prévosté d'Angers, qui a été maire de la ville en 1659 pour.....

M⁰ *François* EVEILLARD, président à la prévosté d'Angers, fils de M⁰ *François Eveillard*, Sʳ de Pignerolle, aussi président à la prévosté qui fut maire en 1641 pour.....

M⁰ *Pierre* FRAIN, Sʳ du Planty, assesseur de l'élection d'Angers, qui fut échevin en 1636, pour.....

Jean Frain du Tremblay, aussi échevin en 1663 pour.....

M. *N.* FROGIER, Sʳ de Pontlevoy, juge des traites, fils de M⁰ *Jean Frogier*, Sʳ de Pontevoy, en son vivant juge des traittes et échevin en 1625 pour.....

M⁰ *N.* GANCHES, conseiller à la prévosté d'Angers fils..... fils de..... fils ainé de *Hyerosme Ganches*, Sʳ de la Jubaudière, qui fut échevin en 1633 pour.....*Pierre Ganches*, Sʳ de la Fourerie et *Denis Ganches*, Sʳ du Hossay fils puiné de *Hiérosme Ganches*, Sʳ de la Jubaudière qui fut échevin en 1633 pour.....

M⁰ *Laurent* GAULT, Sʳ de la Saulnerie, avocat au présidial d'Angers qui a été échevin en 1645, payera avec *Laurent* et *Jean Gault* ses enfants pour.....

Louis GIRAULT, Sʳ du Plessis, demeurant paroisse de Noillet, Eł. d'Angers, qui a été échevin en 1647, payera pour.....

M⁰ N. Goureau, cy devant conseiller au présidial d'Angers fils de *Jacques Goureau*, Sʳ de la Blanchardière, aussi conseiller audit présidial, qui fut échevin de la ville d'Angers en 1606 pour....

M⁰ N. du Grat, maître des eaux et forêts d'Angers, fils de *Pierre du Grat* qui fut échevin en 1625, pour.....

M⁰ N. et N. Grudé, fils de M⁰ *Guy Grudé* vivant, Sʳ de la Chesnaye assesseur en la prévosté d'Angers et échevin en 1615 pour.....

Jacques Guilbault, Sʳ de la Grande-Maison qui a été échevin en 1658 pour.....

M⁰ N. Hamelin, substitut du procureur du Roy audit présidial, fils de M⁰ *Pierre Hamelin*, Sʳ de Richebourg, vivant avocat au présidial d'Angers et échevin en 1623 pour.....

Maurille Hamelin, aussi fils dudit Sʳ de Richebourg, pour...

M⁰ *François* Héard, Sʳ de Boissimon, procureur du Roy en l'élection et grenier à sel d'Angers, qui a été échevin en 1652, et *René Héard*, El. de Boissimon, son fils, conseiller au présidial d'Angers pour...

M⁰ *Noel* Herberau, Sʳ des Chemineaux, président au grenier à sel d'Angers, qui a été échevin en 1695 pour...

N. *Herberau*, fils du Sʳ *Herberau* de Beauvais, vivant, valet de chambre du Roy et qui fut échevin en 1654 pour...

N. *Herberau*, fils de *Jacques Herberau*, Sʳ des Rousse, qui a été échevin en 1655 pour...

Les deux fils de *Yves* Hivert, Sʳ de la Vallinière, qui fut échevin en 1623 pour....

M⁰ *Gabriel* Jouet, fils de *Gabriel Jouet*, Sʳ de la Saulaye, procureur du Roy au siège présidial d'Angers, qui fut conseiller et maire en 1629 pour...

Jacques Lasnier, Sʳ de Contigné, fils de M⁰ *Jacques Lasnier*, Sʳ de Saint-Lambert, vivant, président et lieutenant général audit présidial, et maire en 1639 pour...

M⁰ N. Marchand, petit-fils de *Pierre Marchand*, vivant, avocat et échevin en 1606 pour....

M⁰ *Philippe* Le Marié, Sénéchal et Gouverneur de Beaufort, fils de *Pierre Le Marié*, S* de la Noyraie, qui fut échevin en 1611 pour...

N. Le Marié, cy-devant lieutenant de l'élection d'Angers, aussi fils dudit feu *Pierre Le Marié*, S* de la Noirays pour...

M° *Nicolas* MARTINEAU, qui fut maire de laditte ville d'Angers en 1617 pour...

François Martineau, S* de Princé, aussi fils dudit *Nicolas Martineau*, pour...

François de MÉGUYON, S* de la Houssaye, qui a été maire de ville en 1663 pour...

Les enfants de M° *Guillaume* MESNAGE, vivant, lieutenant particulier au présidial d'Angers et maire de cette ville en 1650 pour...

M° *Pierre Mesnage*, avocat du Roy au siège présidial d'Angers, fils puisné de M° *Guillaume Mesnage*, S* de la Neormaye, vivant, conseiller au présidial et échevin en 1619 pour...

M° *Estienne du* MESNIL, conseiller et avocat du Roy au présidial d'Angers, fils de M. du *Mesnil* qui fut échevin en 1609 por...

François de MONCELET, S* de Beauchesne, qui a été échevin en 1657 pour...

René MOREAU, S* du Plessis-Raymond, qui fut échevin en 1659 et à présent conseiller de ville pour...

M° *Thomas* NEVEU, S* de Pouancé, fils de *Thomas Nepveu*, S* de Gaigné, qui exerça la charge de maire en 1628 pour....

Les enfants de M° *François* PAULMIER, vivant avocat et fils de M° *René Paulmier*, S* de la... qui fut échevin en 1629 pour...

M° *Pierre* PAYNEAU, S* de Pégon, conseiller au présidial d'Angers qui fut échevin en 1664, pour...

René PÉCHERAL, S* de la Roche de Gennes qui a été échevin en 1665 pour...

René PÉTRINEAU, avocat au présidial d'Angers qui a été échevin en 1665 pour...

Christophe du PINEAU, fils de M° *Gabriel du Pineau*, conseiller au présidial d'Angers qui fut maire en 1632 pour...

François PIOLIN, Sr de la Groye qui a été échevin en 1666 pour...

Me *François* POISSON, Sr de la Chabossaye, avocat au présidial d'Angers qui fut échevin en 1661 pour...

Me *Jean* QUETIN, avocat au présidial d'Angers, fils de *Jacques Quetin*, Sr de la Plaine, qui fut échevin en 1633 pour.....

Me *Nicolas* RABIER ou RUBIOU, Sr du Pasty, conseiller à la prévosté d'Angers qui a été échevin en 1664 pour.....

Jacques RICHARD, Sr de Segré, qui a été échevin en 1650 pour.....

Me *Sébastien* ROUSSEAU, controlleur au grenier à sel d'Angers, fils de Me *Sébastien Rousseau*, vivant controlleur audit grenier, qui fut échevin en 1630 pour.....

Claude de ROYE, Sr de la Brunetière, qui a été échevin en 1659 pour.....

Me *Sébastien* SÉRÉZIN, président en l'élection d'Angers, qui a été maire de ville en 1665 pour.....

Me *Mathieu* THOMAS, Sr de Jonchères, avocat au présidial d'Angers qui fut échevin en 1646 pour.....

Charles du TREMBLIER, Sr de la Varenne et de Chauvigné, conseiller au présidial, et qui fut échevin en 1662 pour.....

Me *N.* VALTÈRE, Sr de Feudonnet, avocat, fils de *Sébastien Valtère*, qui fut échevin en 1640, pour....

Me *Jean* VERDIER, conseiller au présidial d'Angers, qui a été échevin en 1648, pour....

Arresté au conseil royal des finances, le 12 avril 1668, signé : LOUIS, et plus bas : *Villeroy, d'Aligre, de Selve et Colbert.*

www.ingramcontent.com/pod-product-compliance
Lightning Source LLC
Chambersburg PA
CBHW070948280326
41934CB00009B/2036